Kurzgrammatik
Dänisch

Zum Nachschlagen und Üben

Angela Pude

Hueber Verlag

Quellenangabe:
Coverfoto: © Getty Images/iStock/Vetta/Clerkenwell

Autorin und Verlag danken Lise Engels Hansen für die sprachliche Beratung und die Durchsicht des Manuskripts.

4. 3. 2. | Die letzten Ziffern
2030 29 28 27 26 | bezeichnen Zahl und Jahr des Druckes.
Alle Drucke dieser Auflage können, da unverändert, nebeneinander benutzt werden.
1. Auflage

Covergestaltung: creative partners gmbh, München
Fotogestaltung Cover: wentzlaff | pfaff | güldenpfennig kommunikation gmbh, München
DTP: Satz+Layout Fruth GmbH, München
Redaktion: Heike Birner, Hueber Verlag, München
GPSR-Kontakt: Hueber Verlag GmbH & Co. KG, Baubergerstraße 30, 80992 München, kundenservice@hueber.de
Druck und Bindung: Friedrich Pustet GmbH & Co. KG, Gutenbergstraße 8, 93051 Regensburg, technik@pustet.de
Printed in Germany
ISBN 978-3-19-109549-9

Art. 530_30480_001_02

Vorwort

Die **Kurzgrammatik Dänisch** richtet sich an Dänischlernende ab Niveaustufe A1, die ein bestimmtes Grammatikthema gezielt nachschlagen oder vertiefen möchten.

Die **Kurzgrammatik Dänisch** enthält alle wichtigen Themen und Strukturen der dänischen Grundgrammatik. Zu jedem Thema werden klar formulierte Erklärungen und übersichtliche Tabellen geboten. Die zahlreichen Beispielsätze mit deutscher Übersetzung machen die Anwendung der Regeln verständlich und helfen Ihnen, sich diese im Zusammenhang leichter einzuprägen.

Die **Kurzgrammatik Dänisch** ist jedoch nicht nur ein Nachschlagewerk. Tests, die am Ende des Buches abgedruckt sind, geben Ihnen die Möglichkeit, Ihr Wissen unter Beweis zu stellen. Und mit dem Lösungsschlüssel können Sie anschließend überprüfen, ob Sie es richtig gemacht haben.

Die **Kurzgrammatik Dänisch** nutzen Sie also optimal, wenn Sie sich die Erklärungen und Beispiele zu einem bestimmten Thema genau durchlesen, die Formen lernen, sich ihren Gebrauch einprägen und Ihr Wissen zum Schluss mit einem der Tests überprüfen. Am Anfang jeden Kapitels finden Sie eine Zusammenfassung der wichtigsten Rubriken des Kapitels in Form von Fragen.

Wenn Sie die **Kurzgrammatik Dänisch** in dieser Weise nutzen, werden Sie nicht nur grammatisch richtiges Dänisch schreiben und sprechen lernen, sondern auch Ihren Wortschatz erweitern, denn das Vokabular in den Beispielsätzen ist dem allgemeinen Sprachgebrauch entnommen und ins Deutsche übersetzt.

Und nun wünschen wir Ihnen viel Freude mit diesem Buch und *held og lykke* beim Dänischlernen.

Verfasserin und Verlag

Inhaltsverzeichnis

Aussprache und Schreibung

Das dänische Alphabet besteht aus 29 Buchstaben. Die dänische Aussprache weicht häufig vom Schriftbild ab. Viele Buchstaben werden verschluckt und zusammengezogen. Ferner kann ein Laut mit verschiedenen Buchstaben abgebildet werden. Und umgekehrt kann ein Buchstabe für unterschiedliche Laute stehen.

1. Welche **Buchstaben** hat das Dänische?
2. Welche **Laute** hat das Dänische?
3. Was versteht man unter dem **Stoßton**?
4. Welche Wörter werden im Dänischen **großgeschrieben**?

Das dänische Alphabet

Das dänische Alphabet hat 29 Buchstaben:
a b c d e f g h i j k l m n o p q r s t u v w x y z æ ø å

Die Buchstaben *c*, *q*, *w*, *x*, *z* stehen nur in Namen und Fremdwörtern:

center	**Z**entrum
quiz **aber** kvalitet	**Q**uiz **Qu**alität
workshop	**W**orkshop
saxofon	Sa**x**ophon
Zenit **aber** konsekvens	**Z**enit Konseque**nz**

Die Umlaute stehen anders als im Deutschen am Ende des Alphabets. Das sogenannte *bolle*-å (Kringel-a) wurde mit der Rechtschreibreform 1948 eingeführt und ersetzt das ältere *aa*. In einigen Eigennamen ist die alte Schreibweise noch gebräuchlich: *Aabenraa* (Apenrade), *Aarhus Universitet* (Århus Universität).

Die Laute des Dänischen

Die Aussprache des Dänischen weicht häufig sehr vom Schriftbild ab.

► Es gibt **stumme Buchstaben**:

selv	[sæl']	selbst
fuld	[ful']	voll

► **Zusammengezogene Silben und Wörter**:

det er	[dee]	das ist
skal have	[sga(h)a·]	soll haben

► Wie im Deutschen werden unbetonte **Endungen** abgeschwächt:

huse	[hu·sə]	Häuser
hedder	[heð'ɔ]	heiße

► Der **gleiche Buchstabe** kann für **unterschiedliche Laute** stehen:

se	[se·']	sehen
fem	[fæm']	fünf

► Der **gleiche Laut** kann **unterschiedliche Schreibweisen** haben:

ikke	[egə]	nicht
hedde	[heðə]	heißen

Bei der verwendeten Lautschrift handelt es sich um „Dania“, wie sie in Wörterbüchern dänischer Verlage üblich ist. Lautschriftzeichen:
Langvokal = [·] Stoßton = [']

Die Vokale

Das Dänische hat mehr Vokallaute als das Deutsche. Gleichzeitig liegen die dänischen Vokale dicht beieinander, daher ist es für deutsche Lernende zu Anfang schwierig, die unterschiedlichen Laute zu unterscheiden. Bei den im Folgenden angegebenen Regeln handelt es sich lediglich um Faustregeln, zu denen es zahlreiche Ausnahmen gibt. Auf die Kennzeichnung von Vokallängen wurde in der Tabelle verzichtet. Die Laute geben lediglich die Vokalqualität an, die in der Regel lang und kurz sein kann.

Schreibung	Laut	dänische Beispiele	deutsche Übersetzung
a	[a]	dame, kalde	Dame, rufen
zusammen mit r	[ɑ] wie **Va**ter	har, rase	haben, toben
kurzes a vor m, k, g, p, ng, f und j	[ɑ] wie f**a**ngen	kaffe, snakke	Kaffee, sprechen
e	[e] wie **E**sel, **e**lektrisch	se, hedde	sehen, heißen
	häufig als kurzes [æ] wie B**e**tt	fem, venner	fünf, Freunde
vor g und j	[ɑj] wie M**ai**	lejlighed, egen	Wohnung, eigene/-r/-s/-n
vor r	[a]	gerne, herre	gern, Herr
nach r	[æ] wie B**e**tt	fred, bred	Frieden, breit
in unbetonten Endungen	[ə] wie Tisch**e**	begge, borde	beide, Tische
i	[i] wie L**i**sa	hvile, vi	ausruhen, wir
kurzes i vor k, g, m und n	[e] wie **e**lektrisch	ikke, vinde	nicht, gewinnen
	[j] wie **J**ade	familie, serie	Familie, Serie
nach r	[æ] wie B**e**tt	frisk, drikke	frisch, trinken
o	[o] wie **O**fen, Fot**o**	Ole, god	Ole, gut
kurzes o	[å], offener als Ofen (selten)	onsdag, otte	Mittwoch, acht
kurzes o	[ɔ] wie h**o**ffen (häufig)	godt, klokken	gut, Uhr
vor r	[ɑ̊], offener als hoffen	morgen, sport	Morgen, Sport

Schreibung	Laut	dänische Beispiele	deutsche Übersetzung
u	[u] wie **U**fer, **U**nfall	jul, fuld	Weihnachten, voll
kurzes u nach r, oft vor n, m, f, g, k	[å], offener als Ofen	lukke, ung	schließen, jung
y	[y] wie **ü**ber, am**ü**sieren	tyve, ny	zwanzig, neu
kurzes y vor n, m und Doppelkonsonanten	[ø] wie **Ö**konomie	flytte, lykke	umziehen, Glück
nach r	[ö] wie K**ö**pfe	bryst, krydderier	Brust, Gewürze
æ	[æ] wie **ä**hnlich	læse, lænestol	lesen, Sessel
vor r	[a]	kæreste, værelse	Liebste/-r, Zimmer
ø	[ø] wie S**ö**hne, **Ö**konomie	søde, køkken	süße, Küche
nach r, und manchmal vor m und n	[ö] wie T**ö**pfe	løn, røde	Lohn, rot
vor r	[ɔ̈] wie Förster	først, gør	zuerst, tun
vor g und j	[ɔj] wie H**eu**	støj, løg	Krach, Zwiebel
å	[å], offener als Ofen	låne, på	leihen, auf
kurzes å nach r und auch sonst häufig	[ɔ] wie h**o**ffen	hånd, så	Hand, dann
vor r	[ɑ̊], offener als hoffen	står, år	stehen, Jahr

Die Konsonanten

Die meisten Konsonanten werden ähnlich wie im Deutschen gesprochen:

Schreibung	Laut	dänische Beispiele	deutsche Übersetzung
b	[b] wie Ra**b**e	Ribe, bager	Ribe, Bäcker/-in
selten	[w] unsilbisches u	peber	Pfeffer
d	[d] wie **D**ose	dåse, de	Dose, sie
nach Vokalen	[ð] **zwischen englischem th** mit weniger Reibegeräuschen und **deutschem l**	glad, hedde	froh, heißen
nach n, l, r und vor s, t	[-] **stumm**	Tyskland, bord	Deutschland, Tisch
f	[f] wie **F**isch	fisk, fire	Fisch, vier
als Vorsilbe af-	[w] unsilbisches u	afgift	Abgabe
g	[g] wie **G**arten	gift, kigge	verheiratet, gucken
nach Vokallauten [i, e, æ, a, y, ø] und nach l	[j] wie Sonja	lige, sælge	gleich, verkaufen
nach Vokallauten [u, å, ɑ, ɔ]	[w] unsilbisches u	tog, vogn	Zug, Wagen
nach r, vor l und in den Endungen -ig	[-] **stumm**	Hamborg, fugl, også, billig	Hamburg, Vogel, auch, billig
h	[h] wie **H**aus	hus, havet	Haus, das Meer
vor j und v	[-] **stumm**	hjemme, hvid	zu Hause, weiß

Schreibung	Laut	dänische Beispiele	deutsche Übersetzung
j	[j] wie **J**ade	hjælpe, fjerde	helfen, vierte
in Umlauten nach a und e	[ɑj] wie **Mai**	lejlighed, maj	Wohnung, Mai
in Umlauten nach ø	[ɔj] wie H**eu**	støj	Krach
k im Anlaut	[k] wie **K**onzert	kaffe, købe	Kaffee, kaufen
im Inlaut	[g] wie **G**abel	bukser, drikke	Hosen, trinken
l	[l] wie **L**ene	lille, elske	klein, lieben
m	[m] wie **M**aus	mor, film	Mutter, Film
n	[n] wie **N**ase	søn, hente	Sohn, holen
ng	[ŋ] wie si**ng**en	ung, mange	jung, viele
p im Anlaut	[p] wie **P**elz	penge, pris	Geld, Preis
im Inlaut	[b] wie **B**aum	lampe, slappe af	Lampe, sich entspannen
r vor Vokal und nach Konsonant	[r] wie **r**ot	frugt, rar	Frucht, nett
nach betonten langen Vokalen	[ɹ] vokalischer, dem **a ähnelnder** Laut	dyr, bor	teuer, wohnen
Endung -er	[ɔ] wie h**o**ffen	spiser, lærer	esse, Lehrer/-in
s	[s] wie Wa**ss**er	spise, sjov	essen, lustig
t im Anlaut	[t] wie **T**axi	ti, taxa	zehn, Taxi
im Inlaut	[d] wie **D**ose	nyttig, vinter	nützlich, Winter
Endung -et	[ð] **zwischen englischem th** mit weniger Reibegeräuschen und **deutschem l**	kommet, huset	gekommen, das Haus

Schreibung	Laut	dänische Beispiele	deutsche Übersetzung
v	[v] wie **W**asser	veninde, vågne	Freundin, aufwachen
nach Vokalen	[w] unsilbisches u	prøve, sjov	versuchen, lustig
nach l	[-] **stumm**	tolv, selv	zwölf, selbst

Der Stoßton

Der Stoßton, ein stimmloser Kehlkopfverschlusslaut, ist ein Charakteristikum der dänischen Sprache, bei dem der Luftstrom durch das Schließen der Stimmbänder kurz zurückgehalten wird. Vergleichbar ist der Stoßton mit dem harten Einsatz bei deutschen Anfangsvokalen: **i**mmer, d**ie Eu**le.

Gebrauch des Stoßtons

Der Stoßton kann **nur in betonten Silben** vorkommen.

- Mit Langvokal:

hus	[hu·s']	Haus
stå	[sdå·']	stehen

- Mit Kurzvokal + stimmhaftem Konsonant:

løn	[lön']	Lohn
hjem	[jæm']	Heim

Der Stoßton wird sehr uneinheitlich verwendet. Neben Generationsunterschieden gibt es vor allem regionale Unterschiede. So hört man den Stoßton in Teilen Süddänemarks kaum.

Groß- und Kleinschreibung

Die dänischen Substantive werden in der Regel kleingeschrieben.

Großschreibung am Satzanfang

Großgeschrieben wird immer am Satzanfang und nach dem Doppelpunkt, wenn direkte Rede folgt:

I morgen tager de på ferie.	Morgen fahren sie in den Urlaub.
Han sagde: «Han ringer igen.»	Er sagte: „Er ruft wieder an."

Großschreibung von Eigennamen

Personen und Ortsnamen

Lene bor i Odense.	Lene wohnt in Odense.

Straßen und Gebäude

De vil også til Christiansborg.	Sie wollen auch nach Christiansborg.
Hun bor i Havnegade.	Sie wohnt in der Hafenstraße.

Mehrgliedrige Eigennamen

Bei mehrgliedrigen Eigennamen werden in der Regel das erste sowie weitere signifikante Wörter großgeschrieben:

Det Kongelige Teater	das Königliche Theater
Gorm den Gamle	Gorm der Alte
Den Gamle By	die Alte Stadt (Museum in Århus)
Statens Museum for Kunst	Staatliches Museum für Kunst

Großschreibung von Personalpronomen

Großgeschrieben werden die folgenden Personalpronomen:

I	ihr
De	Sie
Dem	Ihnen
Deres	Ihr/-e/-en

Das Substantiv

Substantive (auch „Nomen“ oder „Hauptwörter“ genannt) bezeichnen Lebewesen, Gegenstände und Abstrakta.

1. Wie erkennt man das **Genus** der Substantive?
2. Wie wird der **Plural** gebildet?
3. Wie wird der **Genitiv** gebildet?
4. Wie werden **Komposita** gebildet?

Das Genus der Substantive

Das Dänische kennt zwei grammatikalische Geschlechter: Utrum (männlich und weiblich) und Neutrum (sächlich). Es ist in der Regel nicht an der Form der Substantive erkennbar, welchem Genus die Nomen angehören, sondern vom Sprachgebrauch festgelegt.

Das Geschlecht zeigt sich im Singular an den begleitenden unbestimmten Artikeln *en* und *et* bzw. an den bestimmten angehängten Artikeln *-(e)n* sowie *-(e)t* (vgl. Kapitel 3, S. 21 ff.) und sollte mit dem Substantiv zusammen gelernt werden.

Utrum

en have – haven	**ein** Garten – **der** Garten
en kop – koppen	**eine** Tasse – **die** Tasse
en is – isen	**ein** Eis – **das** Eis

Neutrum

et hus – huset	**ein** Haus – **das** Haus
et bord – bordet	**ein** Tisch – **der** Tisch

Utrum oder Neutrum?

Ungefähr 75 % aller Substantive sind Utrum. In einigen wenigen Fällen kann die Bedeutungskategorie oder die Form der Substantive einen Hinweis auf das Genus geben.

Erkennbarkeit an Bedeutungskategorien

► Utrum für Personen

en mand	ein Mann
en kvinde	eine Frau
en søster	eine Schwester
en lærer	ein Lehrer
en udlænding	ein Ausländer

Ausnahmen: *et barn* (ein Kind), *et menneske* (ein Mensch), *et medlem* (ein Mitglied), *et postbud* (ein Postbote)

► Utrum für Tiere

en hund	ein Hund
en kat	eine Katze
en ko	eine Kuh
en hest	ein Pferd

Ausnahmen: *et dyr* (ein Tier), *et lam* (ein Lamm), *et marsvin* (ein Meerschweinchen)

► Utrum für Pflanzen und Früchte

en blomst	eine Blume
en rose	eine Rose
en bøg	eine Buche
en pære	eine Birne
en tomat	eine Tomate

Ausnahmen: *et træ* (ein Baum), *et æble* (ein Apfel), *et løg* (eine Zwiebel)

► Utrum für Seen und Flüsse

en flod	ein Fluss
en sø	ein See
Elben	die Elbe

► Neutrum für die meisten Substanzen

brødet	das Brot
glasset	das Glas
guldet	das Gold
sandet	der Sand
jernet	das Eisen

Ausnahmen: *regnen* (der Regen), *vinen* (der Wein), *ulden* (die Wolle)

Speisen und Getränke mit neutralem Genus können auch im Utrum stehen, wenn es um die Menge geht:

Stoff		**Menge**	
vand, -et	Wasser	en vand	ein Wasser (Glas, Flasche)
øl, -let	Bier	en øl	ein Bier (Glas, Flasche)

► Neutrum für Gebiete und Orte

et land	ein Land
et sogn	eine Gemeinde
et amt	ein Kreis (dänischer Bezirk)
et torv	ein Marktplatz

Ausnahmen: *en by* (eine Stadt), *en ø* (eine Insel)

Erkennbarkeit an der Endung

► Utrum bei folgenden Endungen:

-hed	en venlighed	eine Freundlichkeit
-dom	en sygdom	eine Krankheit
-else	en forkølelse	eine Erkältung
-ing	en regering	eine Regierung
-ning	en regning	eine Rechnung
-inde	en veninde	eine Freundin
-sion	en diskussion	eine Diskussion
-tion	en situation	eine Situation

► Neutrum bei folgenden Endungen:

-ri	et vaskeri	eine Wäscherei
-um	et museum	ein Museum

Die Pluralbildung der Substantive

Das Dänische kennt vier verschiedene Möglichkeiten den Plural zu bilden. Die Form der Pluralbildung ist unabhängig vom Genus der Substantive.

Pluralbildung mit *-er* bzw. *-r*
Ungefähr 70 % der zählbaren Substantive bilden den Plural mit der Endung *-er*. Endet die Grundform des Substantives mit einem unbetonten *e*, wird lediglich die Endung *-r* an die Grundform angehängt:

en bil – biler	ein Auto – Autos
en krone – kroner	eine Krone – Kronen
et træ – træer	ein Baum – Bäume
et stykke – stykker	ein Stück – Stücke

Pluralbildung mit *-e*
Circa 20 % der dänischen Substantive bilden den Plural mit der Endung *-e*:

en stol – stole	ein Stuhl – Stühle
en seng – senge	ein Bett – Betten
et bord – borde	ein Tisch – Tische
et hus – huse	ein Haus – Häuser

Pluralbildung ohne zusätzliche Endung
Nur wenige Substantive (ca. 10 %) haben keine zusätzliche Endung im unbestimmten Plural:

en film – film	ein Film – Filme
en sko – sko	ein Schuh – Schuhe
et år – år	ein Jahr – Jahre
et ben – ben	ein Bein – Beine

Unregelmäßige Pluralbildung
Die unregelmäßigen Pluralformen sind durch einen Vokalwechsel gekennzeichnet. Viele Verwandtschaftsbezeichnungen haben unregelmäßige Pluralformen:

a ► æ	en nat – nætter en mand – mænd	eine Nacht – Nächte ein Mann – Männer
a ► ø	en datter – døtre et barn – børn	eine Tochter – Töchter ein Kind – Kinder
o ► ø	en bror – brødre en bog – bøger	ein Bruder – Brüder ein Buch – Bücher
å ► æ	en tå – tæer	ein Zeh – Zehen

Fremdwörter
Fremdwörter bilden den Plural entweder mit *-er* oder sie richten sich nach den Pluralsystemen der Ausgangssprache:

-er	en weekend – weekender	ein Wochenende – Wochenenden
-s	et job – jobs	ein Job – Jobs
-a	et faktum – fakta	ein Faktum – Fakten
-i	en konto – konti	ein Konto – Konten

Besonderheiten
Anders als im Deutschen werden folgende Substantive nur im Plural gebraucht:

et par briller	eine Brille
tage briller på	eine Brille aufsetzen
et par bukser	eine Hose
have korte bukser på	eine kurze Hose anhaben

Schreibbesonderheiten:
Beim Anhängen von Endungen gelten folgende Regeln:

Substantive, die auf einen kurzen Vokal + Konsonanten enden, erhalten beim Hinzufügen einer Endung einen Doppelkonsonanten:

en ven – venner	ein Freund – Freunde
en kat – katte	eine Katze – Katzen

Die meisten Substantive, die in der Grundform die unbetonten Endungen *-el* oder *-er* haben, verlieren das unbetonte *e* beim Hinzufügen von Endungen:

en artikel – artikler	ein Artikel – Artikel
en finger – fingre	ein Finger – Finger

Dabei wird ein eventueller Doppelkonsonant vereinfacht:

en kartoffel – kartofler	eine Kartoffel – Kartoffeln
en fætter – fætre	ein Vetter – Vetter

Der Genitiv

Bildung des Genitivs

Sowohl bei Personennamen als auch bei Substantiven wird der Genitiv durch das Anhängen der Endung *-s* gebildet. Der Genitiv steht anders als im Deutschen **immer** vor dem Bezugswort:

Dortes cykel	**Dortes** Fahrrad
min brors cykel	das Fahrrad **meines Bruders**
Michaels telefonnummer	**Michaels** Telefonnummer
skolens telefonnummer	die Telefonnummer **der Schule**

Wenn ein Name auf *-s* endet, gibt es drei Möglichkeiten der Genitivbildung:

Lars	Lars's hus	Lars' Haus
	Lars' hus	Lars' Haus
	Larses hus	Lars' Haus

Gebrauch des Genitivs

Das Bezugswort, das auf den Genitiv folgt, steht im Gegensatz zum Deutschen immer unbestimmt:

pigernes forældre	**die Eltern** der Kinder
naboens datter	**die Tochter** des Nachbarn
husets tag	**das Dach** des Hauses

Im mündlichen Sprachgebrauch wird der Genitiv häufig mit Hilfe von Präpositionen ausgedrückt:

ejeren af huset	der Besitzer des Hauses
datteren i huset	die Tochter des Hauses
chefen for firmaet	der Chef der Firma
lygten på cyklen	das Licht des Fahrrads
taget på huset	das Dach des Hauses
forfatteren til bogen	der Autor des Buches

Anders als im Deutschen steht der Genitiv bei Maß- und Zeitangaben:

en 3-værelses lejlighed	eine 3-Zimmer-Wohnung
en 2-ugers ferie	zwei Wochen Urlaub
en 50-års fødsesldag	ein 50. Geburtstag
en to-liters vinflaske	eine Zwei-Liter-Weinflasche

Komposita

Das Dänische kennt **drei Möglichkeiten** Komposita zu bilden:

-	en sommer + et hus	et sommerhus	Ferienhaus
s	et indkøb + en seddel	en indkøbsseddel	Einkaufszettel
e	et barn + en dåb	en barnedåb	Kindstaufe

Wie im Deutschen bestimmt das letzte Substantiv das Genus und die Form der Pluralbildung der Komposita:

et sommerhus – sommerhuse	**ein** Sommer**haus** – Sommer**häuser**
en indkøbsseddel – indkøbssedler	**ein** Einkaufs**zettel** – Einkaufs**zettel**
en barnedåb – barnedåb	**eine** Kinds**taufe** – Kinds**taufen**

Der Artikel

Der Artikel (auch „Geschlechtswort“ genannt) kann im Dänischen vor dem Substantiv stehen oder als Endung erscheinen. Er gleicht sich in Genus (Utrum / Neutrum) und Numerus (Singular / Plural) an. Wie im Deutschen gibt es den unbestimmten und den bestimmten Artikel.

1. Welche Formen hat der **unbestimmte Artikel** und wie werden sie gebraucht?
2. Welche Formen hat der **bestimmte Artikel** und wie wird er gebraucht?

Der unbestimmte Artikel

Formen des unbestimmten Artikels

Im Dänischen gibt es im Singular zwei unbestimmte Artikel, deren Verteilung sich nach dem Genus der Substantive richtet: *en* für Utrum und *et* für Neutrum. Im Plural gibt es keinen unbestimmten Artikel. Der unbestimmte Artikel steht wie im Deutschen immer vor dem Substantiv.

Utrum

en bil	ein Auto
en kop	eine Tasse

Neutrum

et hus	ein Haus
et parti	eine Partei

Gebrauch des unbestimmten Artikels

Wie im Deutschen führt der unbestimmte Artikel ein noch nicht bekanntes Substantiv ein.

Hun drikker en kop kaffe.	Sie trinkt **eine** Tasse Kaffee.
De købte et hus i går.	Sie haben gestern **ein** Haus gekauft.

Im Plural wird häufig *nogle* (einige) in der Funktion eines unbestimmten Artikels verwendet.

Jeg har købt nogle æbler.	Ich habe (**einige**) Äpfel gekauft.

Nichtgebrauch des unbestimmten Artikels

Auch der Nichtgebrauch des unbestimmten Artikels entspricht weitgehend dem deutschen Sprachgebrauch.

Bei **Berufs-, Nationalitäts- und Religionsbezeichnungen**:

Hun er læge.	Sie ist **Ärztin**.
Han er tysker.	Er ist **Deutscher**.
Han er katolik.	Er ist **Katholik**.

Ausnahmen:
In Verbindung mit attributiven Adjektiven und Relativsätzen muss immer ein Artikel stehen:

Hun er en god læge.	Sie ist **eine gute Ärztin**.
Han var en elev, der sjældent lavede lektier.	Er war **ein Schüler, der** selten Hausaufgaben machte.

Bei **nicht zählbaren Substantiven**, wie Stoff- und Materialbezeichnungen:

Vil du have kaffe eller te?	Möchtest du **Kaffee** oder **Tee**?
Han drikker aldrig øl.	Er trinkt nie **Bier**.
Ringen er lavet af guld.	Der Ring ist aus **Gold** gemacht.

Bei **Abstrakta**:

kærlighed ved første blik	**Liebe** auf den ersten Blick
De kæmper for frihed.	Sie kämpfen für **Freiheit**.

Anders als im Deutschen, wenn eher die **generelle Idee** und nicht das spezifische Beispiel **im Vordergrund** steht:

Har du hus?	Hast du **ein Haus**?
De venter også barn.	Sie erwarten auch **ein Kind**.
De har heller ikke bil.	Sie haben auch **kein Auto**.

Wenn das **Substantiv Teil des Verbs** ist:

se fjernsyn	fernsehen
spille kort	**Karten** spielen
høre radio	**Radio** hören
ryge pibe	**Pfeife** rauchen
børste tænder	**Zähne** putzen

In **anderen festen Wendungen**:

have lyst til	**Lust** haben zu
have tid til	**Zeit** haben für
bestille billet	eine Fahrkarte bestellen
have feber	**Fieber** haben
være i dårligt humør	schlechte **Laune** haben

Der bestimmte Artikel

Der bestimmte Artikel hat zwei Formen: Er hängt entweder als Endung am Substantiv oder er steht wie im Deutschen vor dem Substantiv.

Der angehängte Artikel

Diese Form wird bei alleinstehenden Substantiven verwendet. Im Singular wird im Utrum die Endung *-en* und im Neutrum die Endung *-et* an das Substantiv angehängt. Enden die Substantive bereits auf ein unbetontes *-e*, wird lediglich ein *-n* bzw. *-t* hinzugefügt:

Utrum

en bil – bilen	ein Auto – **das** Auto
en aften – aftenen	ein Abend – **der** Abend
en pige – pigen	ein Mädchen – **das** Mädchen

Neutrum

et hus – huset	ein Haus – **das** Haus
et bord – bordet	ein Tisch – **der** Tisch
et stykke – stykket	ein Stück – **das** Stück

Im Plural hängt man ein *-ne* an die unbestimmten Pluralformen der Substantive. Eine Ausnahme bilden Substantive, die keine zusätzliche Pluralendung haben. Diese enden in der bestimmten Form auf *-ene*:

tomater – tomaterne borde – bordene brød – brødene	Tomaten – **die** Tomaten Tische – **die** Tische Brote – **die** Brote

Beim Hinzufügen der Artikelendungen gelten dieselben Schreibbesonderheiten, die in Verbindung mit dem Hinzufügen der Pluralendungen aufgeführt sind (vgl. S. 18 f.).

Der vorangestellte Artikel

Steht vor dem Substantiv ein Attribut, wird der bestimmte Artikel wie im Deutschen vorangestellt.

Utrum

en bil – den røde bil	ein Auto – **das** rote Auto

Neutrum

et ben – det venstre ben	ein Bein – **das** linke Bein

Plural

børn – de andre børn	Kinder – **die** anderen Kinder

Gebrauch des bestimmten Artikels

Wie im Deutschen weist der bestimmte Artikel auf etwas **Bekanntes** oder **bereits Erwähntes** (Person, Sache oder Begriff) hin:

De købte en melon og nogle æbler i supermarkedet i går. Melonen var god, men æblerne var dårlige.	Sie haben gestern **eine** Melone und **einige** Äpfel im Supermarkt gekauft. **Die** Melone war gut, aber **die** Äpfel waren schlecht.

Das Adjektiv

Das Adjektiv (auch „Eigenschaftswort“ genannt) beschreibt ein Substantiv oder ein Pronomen und antwortet auf die Frage „Wie ist jemand oder etwas?“.

1. Wie verändert sich das Adjektiv in Genus und Numerus beim **prädikativen Gebrauch**?
2. Wie verändert sich das Adjektiv in Genus und Numerus beim **attributiven Gebrauch**?
3. Wie werden Adjektive **gesteigert**?
4. Wie werden die **Steigerungsformen gebraucht**?

Attributiver und prädikativer Gebrauch

Wie im Deutschen stehen dänische Adjektive entweder attributiv vor einem Substantiv oder folgen prädikativ auf die Verben *være* (sein) und *blive* (werden).

Attributiv

en god restaurant	ein **gutes** Restaurant

Prädikativ

Restauranten er god.	Das Restaurant ist **gut.**

Dänische Adjektive lassen sich stark und schwach deklinieren. Die starke Deklination unterscheidet nach Geschlecht und Zahl des Substantivs drei Formen: die Grundform für Utrum *god* (gut), die *t*-Form für Neutrum *godt* (gut) und die *e*-Form für den Plural *gode* (gut). Die schwache Deklination kennt nur die *e*-Form. Adjektive, die prädikativ stehen, werden immer stark dekliniert, während attributive Adjektive stark und schwach dekliniert werden können.

Prädikativer Gebrauch

Anders als im Deutschen richtet sich das Adjektiv im prädikativen Gebrauch immer nach Geschlecht und Zahl des Substantivs bzw. des Pronomens und wird somit stark dekliniert.

Nach bestimmten Substantiven
Im Regelfall stehen Substantive mit prädikativen Adjektiven in der bestimmten Form:

Utrum	Vinen er god.	Der Wein ist **gut**.
Neutrum	Vejret er godt.	Das Wetter ist **gut**.
Plural	Restauranterne er gode.	Die Restaurants sind **gut**.

Nach unbestimmten Substantiven
Unbestimmt sind die Substantive nur in verallgemeinernden Aussagen:

Utrum	En isbjørn er hvid.	Ein Eisbär ist **weiß**.
Neutrum	Et lam er hvidt.	Ein Lamm ist **weiß**.
Plural	Skyer er hvide.	Wolken sind **weiß**.

Nach Personalpronomen
Nach den Personalpronomen im **Singular** stehen in der Regel die Grundformen der Adjektive:

Er du glad?	Bist du **froh**?
Hvad synes du om kjolen? – Den er smuk.	Wie findest du das Kleid? – Es ist **schön**.

Die *t*-Form verwendet man lediglich nach dem Pronomen *det* (er, sie, es):

Det er svært.	Es ist **schwer**.
Hvad synes du om bæltet? – Det er smukt.	Wie findest du den Gürtel? – Er ist **schön**.

Im **Plural** gebraucht man immer die *e*-Form:

Vi er glade.	Wir sind froh.
De er syge.	Sie sind krank.

Attributiver Gebrauch

Mit unbestimmten Substantiven

Beim attributiven Gebrauch verwendet man in Verbindung mit unbestimmten Substantiven wie im Deutschen die starke Deklination:

Utrum	en dyr stol	ein **teurer** Stuhl
Neutrum	et dyrt hus	ein **teures** Haus
Plural	dyre restauranter	**teure** Restaurants

Mit bestimmten Substantiven

Mit Substantiven in der bestimmten Form stehen die schwachen Formen der Adjektive. Diese vereinfachte Adjektivdeklination gilt für alle bestimmten Substantive, also immer nach dem bestimmten Artikel, nach Possessivpronomen und nach vorangestelltem Genitiv.

- Nach dem bestimmten Artikel:

Utrum	den røde kjole	das **rote** Kleid
Neutrum	det røde slips	der **rote** Schlips
Plural	de røde strømper	die **roten** Strümpfe

Achtung: Den vorangestellten bestimmten Artikel gibt es im Dänischen nur in Verbindung mit Attributen (vgl. S. 24).

- Nach Possessivpronomen:

Utrum	min brune cykel	mein **braunes** Fahrrad
Neutrum	dit brune bælte	dein **brauner** Gürtel
Plural	hendes brune sko	ihre **braunen** Schuhe

- Nach vorangestelltem Genitiv:

Utrum	Mettes nye nederdel	Mettes **neuer** Rock
Neutrum	Prebens nye hus	Prebens **neues** Haus
Plural	børnenes nye støvler	die **neuen** Stiefel der Kinder

Unregelmäßige Adjektive

Bei der Deklination der Adjektive sind folgende Besonderheiten zu beachten:

- Die meisten Adjektive, die auf einen Vokal enden, haben keine *e*-Form (z. B. *grå* (grau), *blå* (blau), *rå* (roh)):

en grå elefant	ein grauer Elefant
et gråt hus	ein graues Haus
to grå elefanter	zwei graue Elefanten

Ausnahmen: *fri*, *frit*, *frie* (frei), *ny*, *nyt*, *nye* (neu)

- Adjektive, die auf *-e* enden, bleiben unverändert:

en stille gade	eine ruhige Straße
Barnet er stille.	Das Kind ist ruhig.
De er stille.	Sie sind ruhig.

- Der Plural von *lille* (klein) heißt *små* (kleine):

en lille dreng	ein kleiner Junge
et lille barn	ein kleines Kind
to små piger	zwei kleine Mädchen

- Adjektive, die auf *-t* enden, haben die gleiche Grund- und *t*-Form:

en kort nederdel	ein kurzer Rock
et kort tog	ein kurzer Zug
to korte nederdele	zwei kurze Röcke

- Adjektive, die auf *-sk* enden, haben keine *t*-Form:

en dansk sang	ein dänisches Lied
et dansk digt	ein dänisches Gedicht
danske jordbær	dänische Erdbeeren

- Adjektive, die auf *-el*, *-en* und *-er* enden, verlieren das *e* im Plural:

Hun er 35 år gammel.	Sie ist 35 Jahre alt.
Barnet er 5 måneder gammelt.	Das Kind ist 5 Monate alt.
De er 12 og 17 år gamle.	Sie sind 12 und 17 Jahre alt.

► Adjektive und Partizipien, die auf *-et* enden, haben die gleiche Grund- und *t*-Form. Im Plural wird das *t* zum *d*:

en snavset skjorte	ein dreckiges Hemd
et snavset slips	ein dreckiger Schlips
snavsede fingre	dreckige Finger

Schreibbesonderheiten:

1. Konsonanten, die auf einen kurzen, betonten Vokal folgen, werden beim Hinzufügen der Endung *-e* verdoppelt: *grøn* ► *grønne* (grün), *flot* ► *flotte* (schick), *grim* ► *grimme* (hässlich).
2. Im Dänischen können vor Konsonanten keine Doppelkonsonanten stehen: *gammel* ► *gamle* (alt), *lækker* ► *lækre* (lecker), *sikker* ► *sikre* (sicher).

Formen der Steigerung

Steigerung mit *-ere* / *-est* bzw. *-st*

Die meisten Adjektive werden mit den Endungen *-ere* (Komparativ) und *-est* (Superlativ) gesteigert. Bei vielen Adjektiven, die auf *-ig* oder *-som* enden, hängt man im Superlativ lediglich *-st* an.

slank – slankere – slankest	schlank – schlanker – am schlanksten
kort – kortere – kortest	kurz – kürzer – am kürzesten
hurtig – hurtigere – hurtigst	schnell – schneller – am schnellsten
langsom – langsommere – langsomst	langsam – langsamer – am langsamsten
tyk – tykkere – tykkest	dick – dicker – am dicksten

Schreibbesonderheit:
Wie bei der *e*-Form der Adjektive werden Konsonanten, die auf einen kurzen Vokal folgen, beim Anhängen der Endung verdoppelt.

Steigerung mit *mere* / *mest*

Einige Adjektive lassen sich mit Hilfe von *mere* und *mest* steigern. Dies gilt hauptsächlich für drei- und mehrsilbige Adjektive, Fremdwörter, von Verben abgeleitete Adjektive und für Adjektive, die auf -*sk* oder -*isk* enden.

selvstændig – mere selvstændig – mest selvstændig	selbstständig – selbstständiger – am selbstständigsten
attraktiv – mere attraktiv – mest attraktiv	attraktiv – attraktiver – am attraktivsten
irriterende – mere irriterende – mest irriterende	irritierend – irritierender – am irritierendsten
praktisk – mere praktisk – mest praktisk	praktisch – praktischer – am praktischsten

Unregelmäßige Steigerung

Darüber hinaus gibt es eine kleine Anzahl von Adjektiven mit unregelmäßiger Steigerung:

god – bedre – bedst	gut – besser – am besten
dårlig – værre – værst	schlecht – schlechter – am schlechtesten
lille – mindre – mindst	klein – kleiner – am kleinsten
stor – større – størst	groß – größer – am größten
gammel – ældre – ældst	alt – älter – am ältesten
ung – yngre – yngst	jung – jünger – am jüngsten
lang – længere – længst	lang – länger – am längsten
få – færre – færrest	wenige – weniger – am wenigsten
lidt – mindre – mindst	wenig – weniger – am wenigsten
mange – flere – flest	viele – mehr – am meisten
meget – mere – mest	viel – mehr – am meisten

Gebrauch der Steigerungsformen

Die Steigerungsformen werden häufig bei Vergleichen verwendet.

Vergleiche mit dem Komparativ

Vergleicht man zwei Dinge oder Personen miteinander, so kann man wie im Deutschen den Komparativ (die erste Steigerungsform) in Verbindung mit *end* (als) verwenden.

Jeres hus er nyere end vores.	Euer Haus ist **neuer als** unseres.
Ulla er mere selvstændig end Gitte.	Ulla ist **selbständiger als** Gitte.
Lars er ældre end Preben.	Lars ist **älter als** Preben.

Die Formen der Personalpronomen in Vergleichen
Anders als im Deutschen stehen die Personalpronomen im modernen dänischen Sprachgebrauch nach der Vergleichskonjunktion *end* (als) nicht im Nominativ sondern im Objektkasus (vgl. S. 38).

Hun er højere end ham.	Sie ist größer als **er.**
Han er ældre end mig.	Er ist älter als **ich.**

Vergleiche mit dem Superlativ

Wenn nicht zwei voneinander unabhängige Größen miteinander verglichen werden, sondern eine Person oder eine Sache aus einer Gruppe bzw. Menge hervorgehoben wird, verwendet man den Superlativ (die zweite Steigerungsform).

Hvad slags film kan du bedst lide?	Welche Art Filme magst du **am liebsten**?
Jeg kan bedst lide actionfilm.	Ich mag **am liebsten** Actionfilme.

Dies gilt im Gegensatz zum Deutschen auch, wenn die Gruppe nur aus zwei Elementen besteht:

Hvad kan du bedst lide, actionfilm eller dogmefilm?	Was magst du **lieber**, Actionfilme oder Dogmafilme?
Jeg kan bedst lide actionfilm.	Ich mag **lieber** Actionfilme.
Hvem er højest, Preben eller Bo?	Wer ist **größer**, Preben oder Bo?
Bo er højest.	Bo ist **größer**.

Vergleiche mit der Grundform

Vergleiche mit *så* + Adjektiv + *som* (so + Adjektiv + wie) werden mit Hilfe der Grundform formuliert.

Lenes altan er lige så stor som din.	Lenes Balkon ist genau**so groß wie** deiner.
Vores hus er ikke så stort som jeres.	Unser Haus ist nicht **so groß wie** eures.
Hendes storebror er dobbelt så gammel som hende.	Ihr großer Bruder ist doppelt **so alt wie** sie.

Attributiver Gebrauch des Superlativs

Steht der Superlativ beim attributivem Gebrauch nach bestimmten Artikeln, Possessivpronomen oder nach vorangestellten Genitiven, wird die *e*-Form verwendet (vgl. S. 29).

Hun er det flinkeste menneske, jeg nogensinde har mødt.	Sie ist der netteste Mensch, den ich jemals getroffen habe.
Det er min varmeste jakke.	Das ist meine wärmste Jacke.
Gittes bedste veninde hedder Mette.	Gittes beste Freundin heißt Mette.

Die Pronomen

Pronomen (auch „Fürwörter“ genannt) ersetzen einzelne Substantive, Nominalgruppen oder andere Wörter, die somit nicht immer wiederholt werden müssen.

1. Welche Formen haben die **Personalpronomen**, wie werden sie gebraucht und wie werden die **Pronomen *det* und *der*** gebraucht?
2. Welche Formen haben die **Possessivpronomen**, wie werden sie gebraucht und was sind **possessive Reflexivpronomen**?
3. Welche Formen haben die **Reflexivpronomen** und wie werden sie verwendet?
4. Welche Formen haben die **Demonstrativpronomen** und wie werden sie verwendet?
5. Welches sind die gebräuchlichsten **Indefinitpronomen** und wie werden sie gebraucht?
6. Welche **Interrogativpronomen** gibt es und wie werden sie **in direkten Fragen** und **in indirekten Fragesätzen** verwendet?
7. Welche **Relativpronomen** gibt es und wie werden sie verwendet?

Die Personalpronomen

Die Personalpronomen (auch „persönliche Fürwörter“ genannt) ersetzen Substantive und Nominalgruppen.

Die Formen der Personalpronomen

Im Unterschied zu Substantiven haben die Personalpronomen als Subjekt und Objekt verschiedene Formen:

Person	**Subjektform**		**Objektform**	
Singular				
1. Person	jeg	ich	mig	mir, mich
2. Person	du	du	dig	dir, dich
	De	Sie	Dem	Ihnen, Sie
3. Person	han	er	ham	ihm, ihn
	hun	sie	hende	ihr, sie
	den	er, sie, es	den	ihm, ihr, sie, ihn
	det	er, sie, es	det	ihm, ihr, sie, ihn

Person	Subjektform		Objektform	
Plural				
1. Person	vi	wir	os	uns
2. Person	I	ihr	jer	euch
	De	Sie	Dem	Ihnen, Sie
3. Person	de	sie	dem	ihnen, sie

Neben dem Personalpronomen *I* (ihr) werden wie im Deutschen auch die höflichen Personalpronomen *De* (Sie) und *Dem* (Ihnen, Sie) großgeschrieben.

Die **Höflichkeitsformen** *De / Dem* sind wie im Deutschen für eine und mehrere Personen zu verwenden:

Hr. Hansen, vil De ikke besøge os i morgen eftermiddag?	Herr Hansen, wollen **Sie** uns nicht morgen Nachmittag besuchen?
Hr. og fru Hansen, vil De ikke besøge os i morgen eftermiddag?	Herr und Frau Hansen, wollen **Sie** uns nicht morgen Nachmittag besuchen?

Der Gebrauch der Personalpronomen

Die persönlichen Pronomen werden weitgehend wie im Deutschen verwendet. Im Folgenden werden einige Besonderheiten bei der Verwendung der Pronomen erläutert.

Gebrauch der Subjektform

► *Du* oder *De*?
Die Anrede *du* (du) steht im Dänischen wesentlich häufiger als im Deutschen und beinhaltet keinesfalls einen persönlichen Kontakt. So werden Vorgesetzte, Lehrer, Minister und Polizisten im Allgemeinen geduzt. In einigen Hotels und Geschäften nimmt das Siezen allerdings wieder zu:

Kan du låne mig en tier?	Kannst du mir einen Zehner leihen?
Vil du godt give ham en besked?	Würden Sie ihm etwas ausrichten?
De har værelse nummer atten.	Sie haben Zimmer Nummer 18.

► 3. Person Singular: *Han* oder *hun*?
Die Pronomen *han* und *hun* stehen für männliche bzw. weibliche Personen.

Hvad hedder din bror? – Han hedder Arne.	Wie heißt dein Bruder? – **Er** heißt Arne.
Er det din søster? – Ja, hun hedder Lone.	Ist das deine Schwester? – Ja, **sie** heißt Lone.

Ausnahme: Haustiere, zu denen man eine enge Bindung hat:

Det er min hund. Hun hedder Freya.	Das ist meine Hündin. **Sie** heißt Freya.

Auch die substantivierten Formen werden in Verbindung mit Tieren verwendet:

Det er en hun.	Das ist **ein Weibchen**.
Det er en han.	Das ist **ein Männchen**.

► 3. Person Singular: *Den* oder *det*?
Den und *det* stehen für Gegenstände und Tiere im Utrum bzw. im Neutrum:

Hvor er katten? – Den ligger på sofaen.	Wo ist die Katze? – **Sie** liegt auf dem Sofa.
Hvad synes du om bordet derovre? – Det er pænt.	Wie findest du den Tisch dort drüben? – **Er** ist schön.

Achtung: Bei *barnet* (das Kind) und *mennesket* (der Mensch) kann das Pronomen *det* verwendet werden:

Barnet har feber. Det ligger i sengen.	Das Kind hat Fieber. **Es** liegt im Bett.

Gebrauch der Objektform
Anders als im Deutschen wird im Dänischen nur eine Form sowohl für **direkte und indirekte Objekte** als auch für **Präpositionalobjekte** gebraucht:

Jeg besøger ham i morgen.	Ich besuche **ihn** morgen.
Har du sendt ham et brev?	Hast du **ihm** einen Brief geschickt?
Hun køber en gave til ham.	Sie kauft ein Geschenk für **ihn**.

Als **Prädikatsnomen** stehen die persönlichen Pronomen immer als Objekt und nicht wie im Deutschen im Nominativ:

Det var mig, der ringede i går.	Das war **ich**, die gestern anrief.
Hvis jeg var dig, ville jeg vente lidt.	Wenn ich **du** wäre, würde ich etwas warten.

Auch bei **Vergleichen** wird im modernen dänischen Sprachgebrauch nicht der Nominativ, sondern der Objektkasus gebraucht (vgl. S. 33):

Du er større end ham.	Du bist größer als **er**.
Han er yngre end os.	Er ist jünger als **wir**.

Nur wenn das Verb wiederholt wird, steht hier wie im Deutschen der Nominativ:

Du er større, end jeg er. — Du bist größer, als **ich** es bin.

Stellung der Objektpronomen im Satz

Als Substantive stehen die direkten und indirekten Objekte nach satzmodifizierenden Adverbien wie *ikke* (nicht) (vgl. S. 156 f.):

Ejendomsmægleren viste ikke Klaus og Dorte huset.	Der Makler zeigte Klaus und Dorte das Haus **nicht**.

Als Pronomen stehen die direkten und indirekten Objekte wie im Deutschen vor satzmodifizierenden Adverbien wie *ikke* (nicht). Allerdings steht im Unterschied zum Deutschen das indirekte Objekt vor dem direkten (vgl. S. 156 f.):

Ejendomsmægleren viste ikke Klaus og Dorte huset.	Der Makler zeigte **Klaus und Dorte das Haus nicht**.
Ejendomsmægleren viste dem det ikke.	Der Makler zeigte **es ihnen nicht**.

Det oder *der*?

Sowohl *det* als auch *der* können als formale Subjekte und als Subjekte in unpersönlichen Ausdrücken stehen. Beide Pronomen werden im Deutschen mit „es" bzw. „das" übersetzt.
Im Folgenden wird der unterschiedliche Gebrauch von *det* und *der* erläutert.

Gebrauch von *det*

► In **unpersönlichen Ausdrücken** mit *være* und *blive*, wenn diese keine örtliche Bedeutung haben:

Hvem er det?	Wer ist **das**?
Det bliver sent i aften.	**Es** wird spät heute Abend.
Det er forkert.	**Das** ist falsch.

► Als **vorläufiges Subjekt** in Verbindung mit Nebensätzen und Infinitivkonstruktionen:

Det er dejligt, at du besøger os i morgen.	**Es** ist schön, dass du uns morgen besuchst.
Det er dejligt at cykle i solskinsvejr.	**Es** ist schön bei Sonnenschein Rad zu fahren.

► Mit **Bezug zum vorhergehenden Satz**, wie z. B. in Kurzantworten:

Kender du ham? – Ja, det gør jeg.	Kennst du ihn? – Ja(, **das** tue ich).
Kan du tale dansk? – Ja, det kan jeg godt.	Kannst du Dänisch? – Ja(, kann ich).
Kan du nå det? – Det ved jeg ikke.	Kannst du es schaffen? – **Das** weiß ich nicht.

► Bei der **Satzspaltung** zur Hervorhebung von Satzgliedern (vgl. S. 160):

Det er mig, som du skal ringe til.	**Mich** sollst du anrufen.
Er det hende med tvillingerne?	Ist **das** die mit den Zwillingen?

- Wie im Deutschen in **unpersönlichen Ausdrücken,** wenn es eigentlich **kein** richtiges **Subjekt** gibt:

Det regner.	**Es** regnet.
Det banker på døren.	**Es** klopft an der Tür.
Hvordan går det?	Wie geht**s**?

Gebrauch von *der*

- In der Regel in **unpersönlichen Ausdrücken** mit *være* und *blive*, die einen **Ort beschreiben**:

Der er koldt i stuen.	**Es** ist kalt im Wohnzimmer.
Der var meget varmt i Italien sidste sommer.	**Es** war sehr warm letzten Sommer in Italien.

- In Ausdrücken der **zeitlichen oder räumlichen Distanz** mit *være*:

Der er fem uger til påske.	**Es** sind fünf Wochen bis Ostern.
Der er kun 500 m til stranden.	**Es** sind nur 500 m zum Strand.
Er der langt til hotellet?	Ist **es** weit bis zum Hotel?

- Als **vorläufiges Subjekt** (Subjektstütze) zu unbestimmten Subjekten:

Er der køleskab i huset?	Gibt **es** einen Kühlschrank im Haus?
Skete der noget i går?	Ist gestern etwas passiert?
Der sidder en dame ved bordet.	**Es** sitzt eine Dame am Tisch.
Der kommer mange turister til Danmark.	**Es** kommen viele Touristen nach Dänemark.
Der findes ikke bjerge i Danmark.	**Es** gibt keine Berge in Dänemark.
Der mangler salt på bordet.	**Es** fehlt Salz auf dem Tisch.

- Als **vorläufiges Subjekt** zu ***hvad* in Hauptsätzen** und zu ***hvad* und *hvem* in Nebensätzen.** Im Deutschen ist die Verwendung von *der* in diesen Fällen unübersetzbar (vgl. S. 59, 61):

Hvad er der i vejen?	Was ist los?
Hvad skete der?	Was ist passiert?
Jeg ved ikke, hvem der kommer.	Ich weiß nicht, wer kommt.
De ved ikke, hvad der skete.	Sie wissen nicht, was passiert ist.

► Häufig mit **unbestimmten Subjekten bei der Satzspaltung**:

Der er nogle mennesker, der aldrig spiser kød.	**Es** gibt (einige) Menschen, die nie Fleisch essen.
Der er mange, der er forkølede.	**Es** gibt viele, die erkältet sind.

► Oft in **unpersönlichen Passivkonstruktionen**:

Der hørtes støj fra gaden.	Man hörte Krach von der Straße. (Wörtlich: **Es** wurde Krach von der Straße gehört.)
Der blev sunget hele aftenen.	**Es** wurde den ganzen Abend gesungen.

Die Possessivpronomen

Die Possessivpronomen (auch „besitzanzeigende Fürwörter" genannt) drücken Besitz oder Zugehörigkeit aus.

Die Formen der Possessivpronomen

Singular

Person	**Singular**		**Plural**	
	Utrum	Neutrum		
jeg (ich)	min	mit	mine	mein(e/er/s)
du (du)	din	dit	dine	dein(e/er/s)
De (Sie)	Deres	Deres	Deres	Ihr(e/er/es)
han (er)	hans	hans	hans	sein(e/er/s)
hun (sie)	hendes	hendes	hendes	ihr(e/er/es)
den (er, sie, es)	dens	dens	dens	sein(e/er/s), ihr(e/er/es)
det (er, sie, es)	dets	dets	dets	sein(e/er/s), ihr(e/er/es)

Lediglich in der ersten und zweiten Person Singular richtet sich das Possessivpronomen in **Genus und Numerus nach dem Besitzobjekt:**

Utrum (en far)	Der er min far. Hvor er din?	Dort ist mein Vater. Wo ist deiner?
Neutrum (et barn)	Er det dit barn? Ja, det er mit.	Ist das dein Kind? Ja, das ist meins.
Plural (nøgler)	Er det dine nøgler? Ja, det er mine.	Sind das deine Schlüssel? Ja, das sind meine.

In der 3. Person Singular stehen die Possessivpronomen *hans* und *hendes* für **Personen** und die possessiven Pronomen *dens* und *dets* für **Gegenstände und Sachen:**

Lars har købt en ny skjorte. Hans skjorte er rød.	Lars hat ein neues Hemd gekauft. Sein Hemd ist rot.
Lene har købt et nyt bælte. Hendes bælte er rødt.	Lene hat einen neuen Gürtel gekauft. Ihr Gürtel ist rot.
skjorten: Dens farve er rød.	das Hemd: Seine Farbe ist rot.
bæltet: Dets farve er blå.	der Gürtel: Seine Farbe ist blau.

Bei den Possessivpronomen unterscheidet man im Dänischen nicht nach **Nominativ, Akkusativ und Dativ:**

Min bror er gift.	**Mein** Bruder ist verheiratet.
Har du set min bror?	Hast du **meinen** Bruder gesehen?
Har du snakket med min bror?	Hast du mit **meinem** Bruder gesprochen?

Plural

Die Possessivpronomen im Plural verändern sich **nicht** nach Genus und Numerus des Besitzobjekts:

Person	**Singular**		**Plural**	
	Utrum	Neutrum		
vi (wir)	vores	vores	vores	unser(e/er/es)
I (ihr)	jeres	jeres	jeres	euer (eure/er/s)
De (Sie)	Deres	Deres	Deres	Ihr(e/er/es)
de (sie)	deres	deres	deres	ihr(e/er/es)

Ausnahme:
Für die 1. Person Plural können die Formen *vor*, *vort*, *vore* im formellen Stil vorkommen.

Die **Höflichkeitsform** *Deres* wird nicht nur für einen, sondern auch für mehrere Besitzer verwendet:

Vil De godt skrive Deres navn her?	Würden Sie bitte **Ihren** Namen hier notieren?
Fru Jensen, må jeg bede om Deres telefonnummer?	Frau Jensen, darf ich um **Ihre** Telefonnummer bitten?
Fru Jensen og fru Madsen, må jeg bede om Deres telefonnumre?	Frau Jensen und Frau Madsen, darf ich um **Ihre** Telefonnummern bitten?

Der Gebrauch der Possessivpronomen

Die possessiven Pronomen werden weitgehend wie im Deutschen verwendet.

► **Attributiv** vor einem Substantiv:

Min cykel er rød.	**Mein** Fahrrad ist rot.
Er det dit hus?	Ist das **dein** Haus?
Hendes forældre sover.	**Ihre** Eltern schlafen.
Vores børn leger i haven.	**Unsere** Kinder spielen im Garten.
Klaus og Mette sidder med deres venner i haven.	Klaus und Mette sitzen mit **ihren** Freunden im Garten.

► **Alleinstehend**:

Her er din kuglepen. Har du set min?	Hier ist dein Kugelschreiber. Hast du **meinen** gesehen?
Er det Lenes eller Bos katte? – Det er hans.	Sind das Lenes oder Bos Katzen? – Es sind **seine**.
I snakker med jeres forældre, vi snakker med vores.	Ihr sprecht mit euren Eltern, wir sprechen mit **unseren**.

► In **emotionalen Ausrufen** in der 2. Person Singular:

Dit fjols! Din stakkel! Din idiot!	Du Dummkopf! Du Ärmste/r! Du Idiot!

Für alle anderen Personen stehen wie im Deutschen die Personalpronomen:

Jeg fjols! — Ich Dummkopf!

► Zur **Betonung** des Besitzes kann *egen* verwendet werden:

Utrum (en bil)	Vores egen bil er på værkstedet.	**Unser eigenes** Auto ist in der Werkstatt.
Neutrum (et hus)	De bor i deres eget hus.	Sie wohnen in **ihrem eigenen** Haus.
Plural (børn)	Hendes egne børn er syge.	**Ihre eigenen** Kinder sind krank.

Possessive Reflexivpronomen

Die Formen

In der 3. Person Singular gibt es zusätzlich zu den Pronomen *hans*, *hendes*, *dens* und *dets* possessive Reflexivpronomen:

Person	**Singular**		**Plural**	
	Utrum	Neutrum		
han / hun / den / det	sin	sit	sine	sein(en/e/em/er), ihr(en/e/em/er)

Sie richten sich in Genus und Numerus nach dem Besitzobjekt:

Utrum (en mand)	Hun elsker sin mand.	Sie liebt **ihren** Mann.
Neutrum (et barn)	Han elsker sit barn.	Er liebt **sein** Kind.
Plural (børn)	Han elsker sine børn.	Er liebt **seine** Kinder.

Gebrauch: *Hans / hendes* oder *sin / sit / sine*?
Die possessiven Reflexivpronomen werden gebraucht, wenn der Besitzer zugleich Subjekt des Satzes ist.

Hun elsker sit barn.	Sie liebt **ihr** Kind. (ihr eigenes)
Hun elsker hendes barn.	Sie liebt **ihr** Kind. (das Kind einer anderen)

Han kan godt lide sin lejlighed.	Er mag **seine** Wohnung. (seine eigene)
Han kan godt lide hans leilighed.	Er mag **seine** Wohnung. (die eines anderen)

Als Subjekt oder Teil des Subjekts kan *sin / sit / sine* **nie** stehen.

Hans lejlighed er billig.	**Seine** Wohnung ist billig.
Han og hans datter leger i haven.	Er und **seine** Tochter spielen im Garten.
Hun siger, at hendes chef lige har ringet.	Sie sagt, dass **ihr** Chef gerade angerufen hat.

Wie im Deutschen kann in diesen Fällen nur der Textzusammenhang oder die Ergänzung von *egen / eget / egne* (eigene/s/r) verdeutlichen, wessen Wohnung, Tochter bzw. Chef gemeint ist.

Auch für alle anderen Personen muss wie im Deutschen *egen / eget / egne* (eigene/s/r) verwendet werden, um den Rückbezug auf das Subjekt desselben Satzes auszudrücken:

De elsker deres egne børn.	Sie lieben ihre **eigenen** Kinder.

Die Reflexivpronomen

Die Reflexivpronomen (auch „rückbezügliche Fürwörter“ genannt) beziehen sich im Allgemeinen auf das Subjekt des Satzes.

Die Formen der Reflexivpronomen

Singular

1. Person	jeg glæder mig	ich freue **mich**
2. Person	du glæder dig	du freust **dich**
	De glæder Dem	Sie freuen **sich**
3. Person	han glæder sig	er freut **sich**
	hun glæder sig	sie freut **sich**
	den glæder sig	er / sie / es freut **sich**
	det glæder sig	er / sie / es freut **sich**

Plural

1. Person	vi glæder os	wir freuen **uns**
2. Person	I glæder jer	ihr freut **euch**
	De glæder Dem	Sie freuen **sich**
3. Person	de glæder sig	sie freuen **sich**

In der ersten und zweiten Person entsprechen die Reflexivpronomen den Objektformen der Personalpronomen. In der dritten Person heißt das Reflexivpronomen immer *sig* (sich).

Achtung:

Höflichkeitsform:	Keder De Dem?	Langweilen Sie **sich**?
3. Person Plural:	Keder de dem?	Langweilen sie **sie** (die anderen)?
	Keder de sig?	Langweilen sie **sich**?

Der Gebrauch der Reflexivpronomen

Reflexive Pronomen können wie im Deutschen **direktes oder indirektes Objekt** sein.

► Direktes Objekt:

Jeg klæder mig på.	Ich ziehe **mich** an.

► Indirektes Objekt:

Giv dig selv en gave!	Schenk **dir** selbst ein Geschenk!

Zusammen mit *selv* stehen reflexive Pronomen mit Verben, die im Allgemeinen nicht reflexiv verwendet werden:

Han snakker tit med sig selv. Du tænker altid kun på dig selv.	Er spricht oft mit **sich selbst**. Du denkst immer nur an **dich**.

Das reziproke Pronomen

Das reziproke Pronomen (auch „gegenseitiges Fürwort" genannt) kann anders als im Deutschen auch im Genitiv stehen:

De hjælper hinanden. Vi hører hinandens cder.	Sie helfen **einander**. Wir hören unsere CDs (wörtlich: die CDs **voneinander**).

Die Demonstrativpronomen

Die Demonstrativpronomen (auch „hinweisende Fürwörter" genannt) haben eine hinweisende Funktion.

Die Formen der Demonstrativpronomen

Überblick über die Demonstrativpronomen

Utrum	Neutrum	Plural	
den	det	de	der, die, das
denne	dette	disse	diese/-r/-s
sådan	sådant	sådanne	solche/-r/-s
selv	selv	selv	selbst

Den / denne / sådan

Die Demonstrativpronomen *den*, *denne* und *sådan* richten sich in **Genus** und **Numerus** nach dem Bezugswort:

Jeg vil gerne låne den bog.	Ich möchte mir gern **das** / **dieses** Buch ausleihen.
Jeg kan ikke lide det bord.	Ich mag **den** / **diesen** Tisch nicht.
Vi får travlt i denne uge.	Wir haben **diese** Woche viel zu tun.
En sådan cykel ville jeg aldrig købe.	Ein **solches** Fahrrad würde ich niemals kaufen.
Et sådant hus har jeg altid drømt om.	Von einem **solchen** Haus habe ich immer geträumt.

Sådan kann auch vor dem unbestimmten Artikel stehen und ist dann **unveränderlich**:

sådan en mand	**so** / **solch** ein Mann
sådan et barn	**so** / **solch** ein Kind
sådan nogle huse	**solche** Häuser

Selv

Das hinweisende Pronomen *selv* ist **unveränderlich**:

Hun har syet kjolen selv.	Sie hat das Kleid **selbst** genäht.
Barnet tog selv sit tøj på.	Das Kind zog sich **selbst** an.
De har selv tænkt på det.	Sie haben **selbst** daran gedacht.

Der Gebrauch der Demonstrativpronomen

Den / det / de

Die Demonstrativa *den* / *det* / *de* stehen wie im Deutschen häufig zusammen mit einem Substantiv.

► Beim gleichzeitigen **Zeigen** auf Gegenstände:

Jeg kan bedst lide de stole der.	Ich mag am liebsten **die** / **diese** Stühle.

► Bei der **Hervorhebung** von Satzgliedern:

Det problem har jeg aldrig haft.	**Das** / **Dieses** Problem habe ich nie gehabt.

► Vor **Relativsätzen**:

Det er den pige, som du snakkede med i går. — Das ist das Mädchen, mit dem du gestern gesprochen hast.

Die Demonstrativa unterscheiden sich von den gleichlautenden Artikeln und Personalpronomen nur durch ihre stärkere Betonung.

► In der **Umgangssprache** ergänzt man häufig *her* (hier) oder *der* (dort):

Hvad synes du om det her bord? — Wie findest du **diesen** Tisch **hier**?
Det der bord er billigere. — Der (wörtlich: **jener**) Tisch **dort** ist billiger.

Im Unterschied zum Deutschen können *her* (hier) und *der* (dort) sowohl direkt nach dem Demonstrativpronomen als auch nach dem Bezugswort stehen:

De her støvler er flotte. — **Diese Stiefel hier** sind schick.
De støvler her er flotte. — **Diese Stiefel hier** sind schick.

► Wie im Deutschen können Demonstrativa auch **ohne Substantiv stehen**. Sie werden dann in der Regel von *her* (hier) bzw. *der* (dort) begleitet:

Vil du låne en dvd? – Ja tak, jeg tager den her. — Möchtest du eine DVD ausleihen? – Ja gerne, ich nehme **diese hier**.

Auch die alleinstehenden Demonstrativpronomen haben ein Bezugswort und richten sich in Genus und Numerus nach diesem: *en dvd* ► *den* (eine DVD ► diese).

► Steht das Demonstrativpronomen im **Plural ohne Bezugswort**, heißt es als **Objekt** *dem*:

Jeg har svaret på de her breve, og dem der skal jeg svare på i morgen. — Ich habe **diese** Briefe hier beantwortet und **diese dort** beantworte ich morgen.

In der Umgangssprache hört man allerdings häufig *de*:

..., og de der skal jeg svare på i morgen. — ... und **diese dort** beantworte ich morgen.

Denne / dette / disse

Die Formen *denne / dette* und *disse* haben die gleiche Bedeutung wie *den her*, *det her* bzw. *de her* und werden überwiegend **schriftsprachlich** verwendet:

Mange deltagere har meldt sig til konferencen. Disse deltagere kommer fra forskellige lande.	Viele Teilnehmer haben sich zur Konferenz angemeldet. **Diese** Teilnehmer kommen aus unterschiedlichen Ländern.

Wenn diese Demonstrativpronomen im mündlichen Sprachgebrauch vorkommen, stehen sie häufig mit *her* (hier) als Ergänzung:
Hvad synes du om dette her? Wie findest du **dies hier**?

Sådan / sådant / sådanne

Sådan / sådant / sådanne werden wie im Deutschen gebraucht. Nachgestellt wird *sådan* meist **schriftsprachlich** verwendet:

i et sådant tilfælde	in **solch/so** einem Fall
under sådanne kritiske forhold	unter **solchen** kritischen Verhältnissen

Im **mündlichen Sprachgebrauch** steht *sådan* überwiegend vorangestellt:

Sådan en bil har jeg altid drømt om.	Von **so einem** Auto habe ich immer geträumt.
Sådan et bord ville jeg aldrig købe.	**So einen** Tisch würde ich nie kaufen.
Mor, sådan nogle støvler vil jeg også have.	Mama, **solche** Stiefel möchte ich auch haben.

Selv

Selv dient der Verstärkung und steht nach dem Bezugswort oder nach dem flektierten Verb:

Hun reparerer selv sin bil.	Sie repariert ihr Auto **selbst**.
Jeg snakkede med chefen selv.	Ich habe mit dem Chef **persönlich** (wörtlich: **selbst**) gesprochen.

► Vorangestellt wird auch *selve* verwendet:

Jeg snakkede med selve chefen.	Ich habe mit dem Chef **selbst** gesprochen.

► Der noch stärkeren Hervorhebung dient *selveste*:

selveste dronningen	die Königin **in eigener Person**

Die Indefinitpronomen

Die Indefinitpronomen (auch „unbestimmte Fürwörter" genannt) zeigen an, dass Personen oder Sachen bzw. deren Anzahl oder Menge unbestimmt, unbekannt oder nicht näher bekannt sind.

Überblick über die gebräuchlichsten Indefinitpronomen

Die folgenden Indefinitpronomen stehen **attributiv vor Substantiven**:

al/-t/-le	► Jeg har inviteret alle mine venner.	Ich habe **alle** meine Freunde eingeladen.
anden / andet / andre	► Skal vi ikke snakke om det en anden gang?	Wollen wir nicht ein **anderes** Mal darüber sprechen?
begge	► Begge hold var gode.	**Beide** Mannschaften waren gut.
få	► Der var kun få elever til stede.	Es waren nur **wenige** Schüler anwesend.
færre / færrest	► Der kom færre elever end forventet.	Es kamen **weniger** Schüler als erwartet.
hver/-t, enhver / ethvert	► Hun drikker kaffe hver morgen.	Sie trinkt **jeden** Morgen Kaffee.
ingen / intet	► Han har ingen penge.	Er hat **kein** Geld.
lidt	► Har du lidt mælk?	Hast du **etwas** Milch?
mange	► Hun har mange gode idéer.	Sie hat **viele** gute Ideen.

flere / flest	► Lone har flere cder end Lise.	Lone hat **mehr** CDs als Lise.
meget	► Der er meget mad tilbage.	Es ist **viel** Essen übrig.
nogen / noget / nogle	► Jeg har lånt nogle bøger.	Ich habe mir **einige** Bücher ausgeliehen.

Die folgenden Indefinitpronomen werden **substantivisch** verwendet:

alt / alle	► Hun ved alt om sport.	Sie weiß **alles** über Sport.
anden / andet / andre	► Det er noget helt andet.	Das ist etwas ganz **anderes**.
begge to / begge dele	► De kom begge to for sent.	Sie kamen **beide** zu spät.
få	► Der var kun få til stede.	Es waren nur **wenige** anwesend.
færre / færrest	► Der kom færre end forventet.	Es kamen **weniger** als erwartet.
enhver / hver	► Det kan enhver forstå.	Das kann **jeder** verstehen.
ingen / intet	► Ingen er fuldkommen.	**Niemand** ist perfekt.
lidt	► Jeg ved for lidt om det.	Ich weiß zu **wenig** darüber.
man	► Man kan aldrig vide.	**Man** kann nie wissen.
mange	► Var der mange til festen?	Waren **viele** auf dem Fest?
flere / flest	► Kommer der flere?	Kommen noch **mehr**?
meget	► Der er meget at se på.	Es gibt **viel** zu sehen.
nogen / noget / nogle	► Der er nogen, der banker på døren.	Es klopft **jemand** an der Tür.

Der Gebrauch der Indefinitpronomen

Im Folgenden werden einige Besonderheiten bei der Verwendung der gebräuchlichsten Indefinitpronomen erläutert.

Nogen / noget / nogle

Nogen, *noget* und *nogle* können attributiv und substantivisch stehen.

Attributiver Gebrauch

Singular: *nogen* oder *noget*?

- Oft in **verneinten Sätzen** je nach Genus des Substantivs:

Jeg har ikke nogen bil.	Ich habe **kein** Auto.
Jeg har ikke noget hus.	Ich habe **kein** Haus.

- In **Fragen** mit **abstrakten Nomen**:

Har du nogen idé om hans planer?	Hast du **eine** Ahnung von seinen Plänen?
Har du noget forslag til, hvornår vi skal mødes?	Hast du **einen** Vorschlag, wann wir uns treffen sollen?

Im Englischen wird in diesen Fällen *any* gebraucht.

- Mit **nicht zählbaren Substantiven** steht unabhängig vom Genus immer *noget*:

Jeg vil gerne have noget mælk.	Ich hätte gern **etwas** Milch.
Har du noget tøj, jeg må låne?	Hast du Kleidung, die ich mir ausleihen darf?

Plural: *nogle* oder *nogen*?

- In **Aussagen** steht *nogle* und hat wie im Deutschen die Funktion eines unbestimmten Artikels:

Jeg vil gerne se på nogle skjorter.	Ich würde mir gern **ein paar** Hemden ansehen.
Han læste nogle gode bøger i sin ferie.	Er las **ein paar** gute Bücher in seinem Urlaub.

Diese Verwendung von *nogle* entspricht dem Englischen *some*.

► In **Fragen** und **Verneinungen** steht *nogen* und kann im Deutschen häufig nicht übersetzt werden:

Har I nogen skjorter?	Haben Sie **(-)** Hemden?
Vi har desværre ikke nogen skjorter.	Wir haben leider **keine** Hemden.
Han har aldrig haft nogen problemer.	Er hat **nie (-)** Probleme gehabt.

Hier entspricht der Gebrauch von *nogen* dem Englischen *any*.

Achtung:
Die Unterscheidung von *nogen* und *nogle* ist lediglich schriftsprachlich relevant. Im mündlichen Sprachgebrauch werden beide Pronomen wie *nogen* ausgesprochen.

Substantivischer Gebrauch
Substantivisch werden die indefiniten Pronomen *nogen* (jemand), *noget* (etwas) und *nogle* (einige) wie im Deutschen verwendet:

Er der nogen hjemme?	Ist **jemand** zu Hause?
Der er noget, jeg vil spørge dig om.	Da ist **etwas**, was ich dich gern fragen möchte.
Nogle mener, at det bliver en mild vinter.	**Einige** meinen, dass es ein milder Winter wird.

Auch substantivisch können nur *nogen* und *noget* verneint stehen:

Han lavede ikke noget særligt i weekenden.	Er machte **nichts** Besonderes am Wochenende.
Der var ikke nogen hjemme.	Da war **niemand** zu Hause.

Ingen / intet
Die Indefinitpronomen *ingen / intet* gehören überwiegend der Schriftsprache an. Sie haben die gleiche Bedeutung wie *ikke nogen* und *ikke noget* im mündlichen Sprachgebrauch.

Attributiv steht *ingen* mit Substantiven im Utrum **und** im Plural und *intet* mit Substantiven im Neutrum:

De har ingen bil.	Sie haben **kein** Auto.
De har ingen børn.	Sie haben **keine** Kinder.
Han fik intet svar på sin e-mail.	Er bekam **keine** Antwort auf seine E-Mail.

Substantivisch steht *ingen* für Personen und *intet* für Sachen:

Jeg kender ingen her i byen.	Ich kenne **niemanden** hier in der Stadt.
Der var intet at gøre.	Da konnte man **nichts** machen.

Oft kann man *ingenting* an Stelle von *intet* verwenden:

Jeg ved ingenting om filosofi.	Ich weiß **nichts** über Philosophie.

Al / alt / alle

Beim **attributiven Gebrauch** richten sich die Formen in Genus und Numerus nach den Substantiven, die sie begleiten. *Al* und *alt* stehen vor nicht zählbaren Substantiven und werden im Deutschen häufig mit *ganz* übersetzt:

Vi spiste al maden.	Wir aßen das **ganze** Essen.
Til alt uheld var døren låst.	Zu **allem** Unglück war die Tür verschlossen.

► *Alle* steht vor Substantiven im Plural:

Alle eleverne kom for sent.	**Alle** Schüler kamen zu spät.

Im Gegensatz zu den anderen Indefinita stehen *al / alt* und *alle* oft zusammen mit bestimmten Substantiven, wobei der Artikel trotz Attribut nicht vorangestellt wird (vgl. S. 24):
al vinen (**der ganze** Wein), *al sukkeret* (**der ganze** Zucker), *alle børnene* (**alle** Kinder)

► *Alt* und *alle* können auch **substantivisch** verwendet werden:

Han ved alt om hende.	Er weiß **alles** über sie.
Alle var meget tilfredse.	**Alle** waren sehr zufrieden.

Hver / hvert / enhver / ethvert

Attributiver Gebrauch

Der Gebrauch der Pronomen *hver / hvert* richtet sich nach dem Genus des jeweiligen Substantivs:

Hver deltager fik et navneskilt.	**Jeder** Teilnehmer bekam ein Namensschild.
De rejser til Norge hvert år.	Sie reisen **jedes** Jahr nach Norwegen.

► *Hver / hvert* stehen häufig mit Ordnungszahlen:

hver fjortende dag	**alle** 14 Tage
hvert andet år	**alle** zwei Jahre
hver tredje gang	**jedes** dritte Mal

► Eine stärkere Betonung erreicht man durch die Ergänzung von *eneste*:

Hun besøgte ham på hospitalet hver eneste dag.	Sie besuchte ihn **jeden einzelnen Tag** im Krankenhaus.

► Auch *enhver / ethvert* kann zur stärkeren Betonung verwendet werden:

Enhver elev ville forstå det.	**Jeder einzelne Schüler** wollte das verstehen.
Ethvert barn kan lære det.	**Jedes (einzelne) Kind** kann das lernen.

Substantivischer Gebrauch

► Alleinstehend wird statt *hver* üblicherweise *enhver* verwendet:

Enhver kan forstå det.	**Jeder** kann das verstehen.

► In Verbindung mit Präpositionen können *hver* und *enhver* stehen:

Jeg har købt én til hver.	Ich habe für **jeden** einen gekauft.
Der var noget for enhver.	Da war für **jeden** etwas.

► Mit distributivem Charakter kann *hver* anders als im Deutschen verschiedene Positionen im Satz haben:

Han gav os hver 100 kroner.	Er gab **jedem** von uns 100 Kronen.
Han gav os 100 kroner hver.	Er gab **jedem** von uns 100 Kronen.

Man

Das Indefinitpronomen *man* hat folgende Formen:

Subjekt	man	man
Objekt	én	einen, einem
Possessivpronomen	éns bzw. sin / sit / sine	eines, sein/-e
Reflexivpronomen	sig	sich

► *Man* und seine Formen werden in generellen Wendungen verwendet:

Man kan aldrig vide.	**Man** kann nie wissen.
Der er altid folk, som vil hjælpe én.	Es gibt immer Leute, die **einem** helfen wollen.
Man synes tit, at éns søskende er irriterende.	Oft findet man **seine** Geschwister nervig.

► Ist *man* Subjekt desselben Satzes, werden die possessiven Reflexivpronomen *sin* / *sit* / *sine* gebraucht (vgl. S. 44 f.):

Man bør ikke opgive sine idealer.	Man sollte **seine** Ideale nicht aufgeben.

► Wie im Deutschen sind Ausdrücke mit *man* oft gleichbedeutend mit unpersönlichen Passivkonstruktionen (vgl. S. 112):

Man taler meget om det.	**Man** spricht viel darüber.
Der tales meget om det.	**Es wird** viel darüber **gesprochen**.

Mange / meget

In Verbindung mit zählbaren Substantiven steht *mange* (viele), während mit nicht zählbaren Substantiven *meget* (viel) steht:

Hun har mange gode idéer.	Sie hat **viele** gute Ideen.
Han får ikke meget støtte.	Er bekommt nicht **viel** Unterstützung.

In der Regel entspricht die Verwendung von *mange* / *meget* dem deutschen Sprachgebrauch. Eine Ausnahme bildet *mange penge* (**viel** Geld).

In Verbindung mit Adverbien und Adjektiven kann *meget* auch „sehr“ bedeuten:

Der var meget mørkt udenfor.	Es war **sehr** dunkel draußen.
Hun synger meget smukt.	Sie singt **sehr** schön.

Få / lidt
Als Gegensatz zu *mange* und *meget* werden *få* mit zählbaren Substantiven und *lidt* mit nicht zählbaren Substantiven verwendet:

De lavede kun få fejl.	Sie machten nur **wenige** Fehler.
Der var lidt mad tilbage.	Es war **etwas** Essen übrig.

Die Interrogativpronomen

Die Interrogativpronomen (auch „Fragepronomen“ genannt) leiten direkte und indirekte Fragesätze ein.

Überblick über die Interrogativpronomen

hvem	► Hvem kommer i aften?	**Wer** kommt heute Abend?
hvad	► Hvad synes du?	**Was** meinst du?
hvis	► Hvis bil er det?	**Wessen** Auto ist das?
hvilken / hvilket / hvilke	► Hvilke muligheder har vi?	**Welche** Möglichkeiten haben wir?
hvad for en / hvad for et / hvad for nogen	► Hvad for en is tager du?	**Welches** Eis nimmst du?

Gebrauch der Interrogativpronomen

Wie im Deutschen können Fragepronomen direkte und indirekte Fragen einleiten:

Direkte Frage	Hvem er det?	**Wer** ist das?
Indirekte Frage	Ved du, hvem det er?	Weißt du, **wer** das ist?

Direkte Fragen

Hvem

Das Fragepronomen *hvem* (wer / wen / wem) fragt nach Personen und wird wie im Deutschen im Singular und im Plural verwendet:

Hvem er det?	**Wer** ist das?
Hvem er dine børn?	**Wer** sind deine Kinder?

Im Gegensatz zum Deutschen steht *hvem* unveränderlich als Subjekt und als Objekt:

Hvem aflyste mødet?	**Wer** sagte die Sitzung ab?
Hvem har hun inviteret?	**Wen** hat sie eingeladen?
Hvem har du lånt bilen?	**Wem** hast du das Auto geliehen?

Bei Verben mit präpositionalem Objekt steht die Präposition anders als im Deutschen nicht vor dem Fragewort, sondern am Satzende:

Hvem tænker du på?	**An wen** denkst du?
Hvem snakker du med?	**Mit wem** sprichst du?

Hvad

Das Fragepronomen *hvad* (was) fragt nach Gegenständen:

Hvad har du købt?	**Was** hast du gekauft?

Steht *hvad* als Subjekt wird *der* als Subjektstütze ergänzt (vgl. S. 40):

Hvad er der i vejen?	**Was** ist los?
Hvad er der sket?	**Was** ist passiert?

Bei Fragen nach einem Präpositionalobjekt ist die Präposition im Dänischen **nicht** Teil des Frageworts, sondern steht am Satzende:

Hvad tænker du på?	**Woran** denkst du?
Hvad er du sur over?	**Worüber** bist du sauer?

Hvis

Das Fragepronomen *hvis* (wessen) steht in der Regel zusammen mit einem Substantiv und fragt nach dem Besitzer:

Hvis bog er det?	**Wessen** Buch ist das?

Hvilken / hvilket / hvilke

Die Fragepronomen *hvilken / hvilket / hvilke* stehen hauptsächlich attributiv zusammen mit einem Substantiv und werden überwiegend schriftsprachlich verwendet. Fragen mit *hvilken / hvilket / hvilke* haben häufig eine auswählende Bedeutung aus einer genannten oder gedachten Menge:

Utrum	Hvilken kandidat er mest egnet?	**Welcher** Bewerber ist am besten geeignet?
Neutrum	Hvilket hotel kan anbefales?	**Welches** Hotel kann empfohlen werden?
Plural	Hvilke regler gælder her?	**Welche** Regeln gelten hier?

Hvad for en / hvad for et / hvad for nogen

Die Fragepronomen *hvad for en / hvad for et / hvad for nogen* haben die gleiche Bedeutung wie *hvilken / hvilket / hvilke* und finden überwiegend im mündlichen Sprachgebrauch Verwendung:

Utrum	Hvad for en cykel kan du bedst lide?	**Welches** Fahrrad magst du am liebsten?
Neutrum	Hvad for et sommerhus skal vi leje?	**Welches** Ferienhaus sollen wir mieten?
Plural	Hvad for nogen sko skal jeg tage?	**Welche** Schuhe soll ich nehmen?

Wie im Deutschen kann mit den Interrogativpronomen *hvad for en / hvad for et / hvad for nogen* auch nach der Eigenschaft von Substantiven gefragt werden:

Hvad for en cykel har du? Hvad for et menneske er han?	**Was für ein** Fahrrad hast du? **Was für ein** Mensch ist er?

Bei der Frage nach Eigenschaften oder der Beschaffenheit von Substantiven ist alternativ auch der Ausdruck *hvad slags* gebräuchlich:

Hvad slags is vil du have?	**Welche** Eis**sorte** möchtest du haben?
Hvad slags musik kan du bedst lide?	**Welche Art** Musik magst du am liebsten?

Umgangssprachlich kann *hvad* im Singular auch allein stehen:

Hvad dag har vi i dag?	**Welchen** Tag haben wir heute?
Hvad farve har din bil?	**Welche** Farbe hat dein Auto?

Indirekte Fragen

► Interrogativa als Subjekt
Steht ein Fragepronomen als Subjekt, muss im Dänischen immer *der* als vorläufiges Subjekt ergänzt werden (vgl. S. 40):

Ved du, hvem der kommer i aften?	Weißt du, **wer** heute Abend kommt?
Sig mig, hvad der er sket.	Sag mir, **was** passiert ist.
Fortæl mig, hvilket hotel der er dyrest.	Erzähl mir, **welches** Hotel am teuersten ist.
Jeg ved ikke, hvad for et barn der bor på første sal.	Ich weiß nicht, **welches** Kind im ersten Stock wohnt.

► Interrogativa als Objekt
Steht ein Interrogativpronomen als Objekt, muss lediglich die veränderte Wortstellung in Nebensätzen beachtet werden (vgl. S. 153 ff.):

Ved du, hvem det er?	Weißt du, **wer** das ist?
Fortæl mig, hvad du har købt.	Erzähl mir, **was** du gekauft hast.
Vi ved ikke, hvad for en bog du helst vil have.	Wir wissen nicht, **welches** Buch du am liebsten haben möchtest.

Die Relativpronomen

Die Relativpronomen (auch „bezügliche Fürwörter“ genannt) leiten einen Nebensatz (Relativsatz) ein. Sie beziehen sich auf ein Element des vorhergehenden Hauptsatzes und ersetzen dieses im Relativsatz.

Überblick über die Relativpronomen

der	► De kender ikke nogen, der hedder Bo.	Sie kennen niemanden, **der** Bo heißt.
som	► Det er ham, som vi mødte i går.	Das ist der, **den** wir gestern trafen.
hvor	► Jeg tager til Odense, hvor jeg blev født.	Ich fahre nach Odense, **wo** ich geboren wurde.
hvad	► Jeg ved, hvad du mener.	Ich weiß, **was** du meinst.
hvis	► Han har en ven, hvis søn bor i Grønland.	Er hat einen Freund, **dessen** Sohn in Grönland wohnt.

In formeller oder literarischer Sprache kommen ferner die Relativpronomen *hvem* und *hilken* / *hvilket* / *hvilke* vor:

Han er gift med Trine, hvem jeg arbejder sammen med.	Er ist verheiratet mit Trine, mit **der** ich zusammen arbeite.
Huset, hvilket vi bor i, er blevet solgt.	Das Haus, in **dem** wir wohnen, ist verkauft worden.

Gebrauch der Relativpronomen

Wie im Deutschen können zwei Sätze mit dem gleichen Substantiv oder Pronomen mit Hilfe von Relativpronomen verbunden werden:

Zwei Hauptsätze	Jeg har en datter. Hun hedder Lone.	Ich habe **eine Tochter**. **Sie** heißt Lone.
Ein Hauptsatz + Relativsatz	Jeg har en datter, der hedder Lone.	Ich habe **eine Tochter**, **die** Lone heißt.

Das Relativpronomen *der* ersetzt das Pronomen *hun* (sie) im zweiten Satz und beschreibt das Substantiv *en datter* (eine Tochter) des ersten Satzes.

Relativpronomen können sich auf ein Substantiv, ein Pronomen oder einen ganzen Satz beziehen und richten sich anders als im Deutschen **nicht** in Genus und Numerus nach dem Bezugswort, auf das sie sich beziehen.

Han har en søn, der bor i USA.	Er hat **einen Sohn**, **der** in den USA wohnt.
Han har et barn, der bor i USA.	Er hat **ein Kind**, **das** in den USA wohnt.

Der

Das Relativpronomen *der* vertritt sowohl Personen als auch Sachen und kann lediglich als Subjekt des Relativsatzes stehen:

Preben, der bor ved siden af, ringede i dag.	Preben, **der** nebenan wohnt, rief heute an.
Det røde hus, der ligger ved siden af, er til salg.	Das rote Haus, **das** nebenan liegt, ist zu verkaufen.

In zwei aufeinanderfolgenden Relativsätzen darf *der* nur einmal auftreten:

Min datter, der er 12 år gammel, og som elsker at dyrke sport, har brækket foden.	Meine Tochter, **die** 12 Jahre alt ist und (**die**) gerne Sport macht, hat sich den Fuß gebrochen.

Som

Das Relativpronomen *som* kann sowohl für Personen als auch für Sachen stehen. Syntaktisch kann es Subjekt und direktes sowie indirektes Objekt des Relativsatzes sein:

Sanne, som bor ved siden af, er læge.	Sanne, **die** nebenan wohnt, ist Ärztin.
Vil du se det runde bord, som jeg købte i går?	Möchtest du den runden Tisch sehen, **den** ich gestern gekauft habe?
Peter, som jeg går til, er vores nabo.	Peter, zu **dem** ich gehe, ist unser Nachbar.

Als Subjekt steht das Pronomen *der* häufiger als das Pronomen *som*.

Vertritt *som* ein Präpositionalobjekt, steht die Präposition anders als im Deutschen nicht vor dem Relativpronomen, sondern nach dem Verb:

Det er det hus, som jeg boede i i min barndom.	Das ist das Haus, **in dem** ich in meiner Kindheit gewohnt habe.
Det er den mand, som jeg snakkede med i går.	Das ist der Mann, **mit dem** ich gestern gesprochen habe.

Bestimmte Substantive vor Relativsätzen stehen im modernen Dänisch häufig mit einem Demonstrativpronomen: *det hus* (das Haus), *den mand* (der Mann) (vgl. S. 49).

Wenn das Relativpronomen *som* nicht Subjekt des Relativsatzes ist, wird es vor allem im mündlichen Sprachgebrauch häufig ausgelassen.

Subjekt	Vi snakkede med de børn, som legede i parken.	Wir haben mit den Kindern gesprochen, **die** im Park gespielt haben.
Objekt	Vi snakkede med de børn, (som) du besøgte i sidste uge.	Wir haben mit den Kindern gesprochen, **die** du letzte Woche besucht hast.

Nach den Konjunktionen *og* (und), *men* (aber), *eller* (oder) und *for* (denn) muss auch als Subjekt immer das Relativpronomen *som* stehen:

Kan du huske den lyshårede pige, som/der boede ved siden af, og som altid var i godt humør?	Kannst du dich an das blonde Mädchen erinnern, **das** nebenan wohnte und (**das**) immer gute Laune hatte?

Hvor

Das Relativpronomen *hvor* nimmt sowohl eine Ortsangabe als auch eine Zeitangabe wieder auf:

Det er et sted, hvor man kan slappe af.	Das ist ein Ort, **an dem / wo** man sich erholen kann.
I efterårsferien, hvor jeg har fri, skal vi renovere lejligheden.	In den Herbstferien, **in denen** ich frei habe, wollen wir die Wohnung renovieren.

Als Subjekt wird *hvor* von der Subjektstütze *der* begleitet:

Midt i byen, hvor der altid er så meget trafik, kunne jeg ikke tænke mig at bo.	Mitten in der Stadt, **wo** es immer so viel Verkehr gibt, könnte ich mir nicht vorstellen zu wohnen.

Hvad

Bezieht sich das Relativpronomen auf den gesamten Inhalt des vorhergehenden Satzes, verwendet man wie im Deutschen *hvad*:

Han kom ikke til festen, hvad man godt kan forstå.	Er kam nicht zur Party, **was** man gut verstehen kann.

Hvad bezieht sich auf das Wort *alt* (alles), auch wenn dies nicht explizit erwähnt wird:

Drengene spiste alt, hvad de kunne få.	Die Jungen aßen alles, **was** sie bekommen konnten.
Han gjorde (alt), hvad han kunne.	Er tat (alles), **was** er konnte.

Steht *hvad* als Subjekt wird es um die Subjektstütze *der* ergänzt (vgl. S. 61):

Han har læst alt, hvad der er skrevet om Karen Blixen.	Er hat alles gelesen, **was** zu Karen Blixen geschrieben wurde.

Hvis

Im Genitiv heißt das Relativpronomen *hvis*. Es steht immer zusammen mit einem Substantiv:

Pigen, hvis mor ligger på hospitalet, bliver passet af sin mormor.	Das Mädchen, **dessen** Mutter im Krankenhaus liegt, wird von ihrer Großmutter (mütterlicherseits) versorgt.

Das Verb – Einführung

Verben (auch „Tätigkeitswörter“ oder „Zeitwörter“ genannt) bilden den Kern eines Satzes und bezeichnen Tätigkeiten, Vorgänge und Zustände.

1. Welches sind die **Merkmale** des Verbs?
2. Wie werden Verben **klassifiziert**?

Merkmale des Verbs

Verben werden konjugiert. Anders als im Deutschen ist die Form des Verbs nicht abhängig von Person und Numerus (Zahl) des Subjekts. Im Dänischen müssen lediglich Tempus (Zeit) und Modus des Verbs berücksichtigt werden.

Tempus

Einfache Zeiten bestehen aus einer einzigen Verbform, wie z. B.:

Präsens	jeg går	ich **gehe**
Präteritum	jeg gik	ich **ging**

Zusammengesetzte Zeiten bestehen aus einem Hilfsverb und einem Partizip Perfekt, wie z. B.:

Perfekt	jeg er gået	ich **bin gegangen**
Plusquamperfekt	jeg var gået	ich **war gegangen**

Modus

Der Modus enthält Informationen über die Haltung der Sprechenden zur Äußerung. Der Modus wird im Dänischen hauptsächlich durch Modalverben oder durch die finiten Formen anderer Verben ausgedrückt:

Modalverben

Moralische Verpflichtung	Du **bør** ikke ryge foran børnene.	Du **solltest** nicht vor den Kindern rauchen.

Finite Verbformen

Reales (Indikativ)	Han **løber** 5 kilometer hver dag.	Er **läuft** jeden Tag 5 Kilometer.
Irreales (Konjunktiv)	Hvis jeg **var** rig, ...	Wenn ich reich **wäre**, ...
Erwünschtes (Imperativ)	**Kom** forbi!	**Komm** vorbei!

Finite und infinite Verbformen

Grammatikalisch werden finite und infinite Verbformen unterschieden.

Finite Verbformen

Die finiten Verbformen haben Personalendungen. Das Dänische kennt nur eine Personalendung für alle Personen im Singular und Plural:

jeg **går**	ich **gehe**	vi **går**	wir **gehen**
du **går**	du **gehst**	I **går**	ihr **geht**
han / hun **går**	er / sie **geht**	de / De **går**	sie / Sie **gehen**

Infinite Verbformen

Die infiniten Verbformen haben keine Personalendungen (vgl. Kapitel 11, S. 99 ff.):

Infinitiv	løbe	laufen
Partizip Präsens	løbende	laufend
Partizip Perfekt	løbet	gelaufen

Starke, schwache und unregelmäßige Verben

Wie im Deutschen und Englischen können Verben nach der Art der Konjugation in schwache, starke und unregelmäßige Verben eingeteilt werden.

1. und 2. Konjugation – Regelmäßige Verben

Schwache Verben bilden die Vergangenheitsformen durch die **Hinzufügung von Endungen**, während der Verbstamm unverändert bleibt. Im Dänischen gibt es zwei Gruppen schwacher Verben, im Folgenden auch regelmäßige Verben genannt:

Stamm	Präteritum	Partizip Perfekt
Gruppe 1	**+ -ede**	**+ -et**
arbejd	arbejd**ede**	arbejd**et**
arbeit	arbeitete	gearbeitet
lav	lav**ede**	lav**et**
mach	machte	gemacht
Gruppe 2	**+ -te**	**+ -t**
spis	spis**te**	spis**t**
iss	aß	gegessen
læs	læs**te**	læs**t**
lies	las	gelesen

3. Konjugation – Unregelmäßige Verben

Die Verbformen der **starken Verben** haben unterschiedliche Stammvokale:

Stamm	Präteritum	Partizip Perfekt
gå	gik	gået
geh	ging	gegangen
se	så	set
sieh	sah	gesehen

Manchmal wird eine vierte Konjugationsart, die der **unregelmäßigen Verben** unterschieden. Diese Verben sind durch einen Vokalwechsel und zusätzliche Endungen gekennzeichnet:

Stamm	Präteritum	Partizip Perfekt
gør	gjor**de**	gjor**t**
mach	machte	gemacht
spørg	spurg**te**	spurg**t**
frag	fragte	gefragt

Im Rahmen der vorliegenden Grammatik werden die starken und unregelmäßigen Verben zusammenfasst. Eine Übersicht über die unregelmäßigen Verben finden Sie auf S. 163 f.

Hilfsverben

Im Gegensatz zu Vollverben, die allein stehen, werden Hilfsverben zusammen mit dem Infinitiv oder dem Partizip Perfekt eines anderen Verbs bei der Zeitenbildung verwendet:

Die Hilfsverben *have* und *være*

Zur Bildung des **Perfekts** (vgl. S. 78 ff.):

Han har lige vasket op.	Er **hat** gerade **abgewaschen**.
Han er allerede kommet.	Er **ist** schon **gekommen**.

Zur Bildung des **Plusquamperfekts** (vgl. S. 85 f.):

De sagde, at de allerede havde vasket op.	Sie sagten, dass sie bereits **abgewaschen hatten**.
Hun spurgte, om gæsterne allerede var kommet.	Sie fragte, ob die Gäste bereits **gekommen waren**.

Das Hilfsverb *blive*

Zur Bildung des **Passivs** (vgl. S. 108):

Brevet blev sendt i går.	Der Brief **wurde** gestern abgeschickt.

Få als Hilfsverb

Zusammen mit dem **Partizip Perfekt**

- für Handlungen, die andere für einen ausführen:

Jeg fik repareret bilen i sidste uge.	Ich **bekam** das Auto letzte Woche **repariert**.

- für Handlungen, die man selbst ausführt:

Endelig fik jeg pudset vinduerne.	Endlich **habe** ich die Fenster **geputzt bekommen**.

Mit Infinitiv in idiomatischen Ausdrücken:

Vi får se. Det får være, som det vil.	Wir werden sehen. Das mag sein, wie es will.

Reflexive Verben

Die reflexiven Verben sind Verben, die mit einem **Reflexivpronomen** gebraucht werden (vgl. S. 46). Bei diesen Verben sind Subjekt und Objekt identisch.

Kategorien reflexiver Verben

Verben, die **reflexiv und nicht reflexiv** gebraucht werden können:

reflexiv	Børnene vasker sig.	Die Kinder **waschen sich**.
nicht reflexiv	Han vasker børnene.	Er **wäscht** die Kinder.
reflexiv	Hun sminker sig hver morgen.	Sie **schminkt sich** jeden Morgen.
nicht reflexiv	Hun sminker sin søster.	Sie **schminkt** ihre Schwester.

Verben, die **reflexiv** eine **spezielle Bedeutung** haben:

rejse (reisen)	Han rejste sig.	Er **erhob sich.**
betale (bezahlen)	Det kan ikke betale sig.	Das **lohnt sich** nicht.
slå (schlagen)	Hun faldt ned ad trappen og slog sig.	Sie fiel die Treppe herunter und **verletzte sich.**

Verben, die **nur zusammen mit *selv*** (selbst) **reflexiv** verwendet werden können:

Hun snakker tit med sig selv.	Sie **spricht** oft mit **sich selbst.**

Reziprok verwendete Verben drücken die Wechselseitigkeit einer Handlung aus:

De elsker hinanden. Naboerne hjælper hinanden.	Sie **lieben einander.** Die Nachbarn **helfen einander.**

Transitive und intransitive Verben

Transitive Verben sind Verben, denen ein Objekt folgt. Intransitive Verben hingegen können nicht mit Ergänzung stehen.

Transitive Verben

Verben, die ein Objekt haben müssen

Jeg har købt en ny bil. Må jeg godt låne din blyant?	Ich habe **ein neues Auto** gekauft. Darf ich mir **deinen Bleistift** leihen?

Verben, die ein direktes und ein indirektes Objekt haben

Das indirekte Objekt muss im Dänischen immer vor dem direkten stehen (vgl. S. 156 f.):

Børnene viste deres forældre tegningerne.	Die Kinder zeigten **die Zeichnungen ihren Eltern.**
Jeg sendte dig en e-mail i går.	Ich habe **dir** gestern **eine E-Mail** geschickt.

Verben, die auch ohne Objekt stehen können

Familien spiser (morgenmad) klokken syv.	Die Familie isst um 7.00 Uhr (**Frühstück**).
Holdet tabte (kampen).	Die Mannschaft verlor (**das Spiel**).

Intransitive Verben

Verben, die kein Objekt haben können

Hun fryser tit om vinteren.	Sie **friert** oft im Winter.
Barnet har sovet næsten hele dagen.	Das Kind **hat** fast den ganzen Tag **geschlafen.**

Verbpaare: transitiv – intransitiv

Wie im Deutschen gibt es Verbpaare mit ähnlicher Bedeutung und ähnlichem Stamm, von denen das eine transitiv und das andere intransitiv ist:

transitiv		**intransitiv**	
sætte	setzen	sidde	sitzen
lægge	legen	ligge	liegen
stille	stellen	stå	stehen
fælde	fällen	falde	fallen
sprænge	sprengen	springe	springen
vække	wecken	vågne	aufwachen

Das Verb – der Indikativ

Der Indikativ stellt – im Gegensatz zum Konjunktiv – einen Vorgang als real dar.

1. Welche **Zeiten** gibt es und wie werden sie **gebildet**?
2. Wie werden die verschiedenen Zeiten **gebraucht**?

Das Präsens

Der Indikativ Präsens drückt Handlungen und Zustände aus, die sich in der Gegenwart (des Sprechenden oder Schreibenden) abspielen.

Bildung des Präsens

Die meisten Verben bilden das Präsens, indem ein *-r* an den Infinitiv (die Grundform) des Verbs angehängt wird. Anders als im Deutschen verändert sich die Endung **nicht** in Abhängigkeit von Person und Numerus:

Infinitiv		**Präsens**	
spise	jeg, du, De, han, hun, den, det, vi, I, de	spise-r	ich esse, du isst, Sie essen, ...
lave	jeg, du, De, han, hun, den, det, vi, I, de	lave-r	ich mache, du machst, Sie machen, ...
bo	jeg, du, De, han, hun, den, det, vi, I, de	bo-r	ich wohne, du wohnst, Sie wohnen, ...
gå	jeg, du, De, han, hun, den, det, vi, I, de	gå-r	ich gehe, du gehst, Sie gehen, ...

Eine Ausnahme von dieser Regel bilden die Modalverben, die im Präsens nicht auf *-r* enden:
kunne (können) ► *jeg kan* (ich kann), *ville* (wollen) ► *jeg vil* (ich will), *skulle* (sollen / müssen) ► *jeg skal* (ich soll / muss), *måtte* (müssen / dürfen) ► *jeg må* (ich muss / darf)
Ausführliche Informationen zu den Modalverben finden Sie im Kapitel 8, S. 88 ff.

Abweichungen zeigen außerdem folgende Verben:

Infinitiv	Präsens	Bedeutung
gøre	jeg gør	ich tue
have	jeg har	ich habe
være	jeg er	ich bin
vide	jeg ved	ich weiß

Gebrauch des Präsens

Das Präsens wird wie im Deutschen verwendet.

- Für **Handlungen und Beschreibungen** in der Gegenwart:

Hvad laver du?	Was **machst** du?
Jeg ser fjernsyn.	Ich **sehe fern**.
Det er Amalienborg Slot.	Das **ist** das Schloss Amalienburg.

- Bei **zeitlos gültigen Aussagen**:

København er Danmarks hovedstad.	Kopenhagen **ist** die Hauptstadt Dänemarks.
Han hedder Arne.	Er **heißt** Arne.
Solen står op i øst.	Die Sonne **geht** im Osten **auf**.

- Für sich **wiederholende bzw. sich regelmäßig abspielende Handlungen**:

Jeg løber hver dag.	Ich **laufe** jeden Tag.
Dorte arbejder på kontor.	Dorte **arbeitet** im Büro.

- Für **zukünftige Handlungen mit Zeitangaben** (vgl. auch S. 87):

Han kommer på fredag.	Er **kommt** nächsten Freitag.
I morgen bliver det regnvejr.	Morgen **wird** es regnen.

Auch in Erzählungen kann wie im Deutschen das Präsens stehen (historisches Präsens), um die dramatische Illusion des „jetzt" zu erzeugen:

I går var jeg hjemme hos Ole.	Gestern war ich zu Hause bei Ole.
Pludselig styrter Pelle ind.	Plötzlich stürzt Pelle herein.
Han er helt bleg. ...	Er ist ganz blass. ...

Verlaufsform der Verben

Genau wie im Deutschen gibt es keine besondere Verbform, um Handlungen auszudrücken, die man gerade ausführt (vgl. *ing*-Form im Englischen).

Hilfskonstruktionen
Folgende Hilfskonstruktionen ersetzen die Verlaufsform:

- **Präsens** oft zusammen mit ***lige nu*** (gerade):

Hvad laver du lige nu?	Was **machst** du **gerade**?

- **Präsens** zusammen mit Verben wie ***ligge*** (liegen), ***sidde*** (sitzen), ***stå*** (stehen) und ***gå*** (gehen):

Jeg ligger og læser.	Ich **lese gerade**.
Jeg står og vasker op.	Ich **wasche gerade ab**.

- Konstruktionen mit ***være ved at*** **+ Infinitiv**:

Jeg er ved at lave mad.	Ich **bin dabei Essen zu machen**.

Das Präteritum

Das Präteritum ist eine einfache Zeit der Vergangenheit, die formal dem deutschen Präteritum entspricht, aber zum Teil anders verwendet wird.

Bildung des Präteritums

Bei der Bildung des Präteritums lassen sich die dänischen Verben in drei Konjugationsgruppen einteilen (vgl. S. 68 f.).

Regelmäßige Verben

- Gruppe 1: Stamm + -*ede*

In der ersten Konjugation wird die Endung -*ede* an den Stamm des Verbs angehängt:

Stamm		Präteritum	
lav	jeg, du, De, han, hun, den, det, vi, I, de	lav-ede	ich machte, du machtest, Sie machten, ...
arbejd	jeg, du, De, han, hun, den, det, vi, I, de	arbejd-ede	ich arbeitete, du arbeitetest, Sie arbeiteten, ...

► Gruppe 2: Stamm + *-te*
In der zweiten Konjugationsgruppe wird die Endung *-te* zum Stamm des Verbs hinzugefügt:

Stamm		Präteritum	
tal	jeg, du, De, han, hun, den, det, vi, I, de	tal-te	ich sprach, du sprachst, Sie sprachen, ...
rejs	jeg, du, De, han, hun, den, det, vi, I, de	rejs-te	ich reiste, du reistest, Sie reisten, ...

Die meisten Verben gehören der ersten Konjugationsgruppe an.

Unregelmäßige Verben
Eine kleine Anzahl gebräuchlicher Verben bildet das Präteritum unregelmäßig:

Stamm		Präteritum	
sig	jeg, du, De, han, hun, den, det, vi, I, de	sagde	ich sagte, du sagtest, Sie sagten, ...
få	jeg, du, De, han, hun, den, det, vi, I, de	fik	ich bekam, du bekamst, Sie bekamen, ...

Auch die häufig verwendeten **Modal- und Hilfsverben** gehören zu den unregelmäßigen Verben: *jeg kan* (ich kann) ► *jeg kunne* (ich konnte), *jeg skal* (ich soll / muss) ► *jeg skulle* (ich sollte / musste), *jeg vil* (ich will) ► *jeg ville* (ich wollte), *jeg må* (ich muss / darf) ► *jeg måtte* (ich musste / durfte), *jeg er* (ich bin) ► *jeg var* (ich war), *jeg har* (ich habe) ► *jeg havde* (ich hatte).
Eine Übersicht über die unregelmäßigen Verben finden Sie auf S. 163 f.

Gebrauch des Präteritums

Das Präteritum kommt im Dänischen wesentlich häufiger vor als im Deutschen. Im mündlichen Sprachgebrauch des Deutschen wird stattdessen häufig das Perfekt verwendet.

Das Präteritum wird im Dänischen in folgenden Fällen verwendet:

- Für **Handlungen und Ereignisse**, die **in der Vergangenheit** stattgefunden haben, und bei denen die Aktivität im Vordergrund steht:

Mødet varede længe.	Die Sitzung **dauerte** lange.
Vi så en sjov film i biografen.	Wir **sahen** einen lustigen Film im Kino.

- Häufig in Verbindung mit Zeitangaben, die einen **bestimmten Zeitpunkt in der Vergangenheit** nennen:

Da jeg vågnede, skinnede solen.	Als ich **aufwachte, schien** die Sonne.
Jeg mødte ham i går.	Ich **traf** ihn gestern.
Min kone havde fødselsdag for tre uger siden.	Meine Frau **hatte** vor drei Wochen Geburtstag.

- Für **abgeschlossene Zeiträume** in der Vergangenheit:

Da jeg var barn, boede vi i Esbjerg.	Als ich ein Kind **war, wohnten** wir in Esbjerg.
Vi holdt ferie i Frankrig hele sidste måned.	Wir **waren** den ganzen letzten Monat in Frankreich im Urlaub.
Efter skolen var min bror 6 måneder i Australien.	Nach der Schule **war** mein Bruder sechs Monate in Australien.

► **Im Deutschen** stehen die Vollverben im mündlichen Sprachgebrauch überwiegend im **Perfekt**:

Vi var i Paris i weekenden. Vi besøgte nogle venner.	Wir waren am Wochenende in Paris. Wir **haben** Freunde **besucht.**
I går hjalp vi Bo med at flytte.	Gestern **haben** wir Bo beim Umziehen **geholfen.**

► Zur stärkeren **Betonung emotionaler Reaktionen** steht im Dänischen oft das Präteritum, während im Deutschen Präsens steht:

Det var en skam. Det var sødt af dig.	Das **ist** schade. Das **ist** nett von dir.

Zur Verwendung des Präteritums für Irreales vgl. Kapitel 9, S. 94 ff.

Das Perfekt

Das Perfekt ist eine zusammengesetzte Zeit der Vergangenheit, die formal dem deutschen Perfekt entspricht, aber zum Teil anders verwendet wird.

Bildung des Perfekts

Wie im Deutschen besteht das Perfekt aus zwei Teilen: dem Hilfsverb *have* (haben) oder *være* (sein) im Präsens und dem Partizip Perfekt des entsprechenden Verbs.

Nach der Bildung des Partizip Perfekts lassen sich, entsprechend der Bildung des Präteritums, drei Konjugationsgruppen unterscheiden (vgl. S. 68 f.).

Regelmäßige Verben

► Gruppe 1: Partizip Perfekt: Stamm + *-et* (Präteritum: *-ede*)
In der ersten Konjugation wird die Endung *-et* zur Bildung des Partizip Perfekts an den Stamm des Verbs angehängt:

Stamm		Perfekt	
lav	jeg, du, De, han, hun, den, det, vi, I, de	har lav-et	ich habe gemacht, du hast gemacht, Sie haben gemacht, ...
arbejd	jeg, du, De, han, hun, den, det, vi, I, de	har arbejd-et	ich habe gearbeitet, du hast gearbeitet, Sie haben gearbeitet, ...
flyt	jeg, du, De, han, hun, den, det, vi, I, de	er flyt-tet	ich bin umgezogen, du bist umgezogen, Sie sind umgezogen, ...

Konsonanten, die auf einen kurzen Vokal folgen, werden beim Zufügen von Endungen verdoppelt: *flyt* ► *flyttet*.

► Gruppe 2: Partizip Perfekt: Stamm + *-t* (Präteritum: *-te*)
In der zweiten Konjugationsgruppe wird die Endung *-t* zum Stamm des Verbs hinzugefügt:

Stamm		Perfekt	
tal	jeg, du, De, han, hun, den, det, vi, I, de	har tal-t	ich habe gesprochen, du hast gesprochen, Sie haben gesprochen, ...
rejs	jeg, du, De, han, hun, den, det, vi, I, de	har / er rejs-t	ich bin gereist, du bist gereist, Sie sind gereist, ...
begynd	jeg, du, De, han, hun, den, det, vi, I, de	er begynd-t	ich habe angefangen, du hast angefangen, Sie haben angefangen, ...

Unregelmäßige Verben

Eine kleine Gruppe gebräuchlicher Verben bildet das Partizip Perfekt unregelmäßig (vgl. S. 163 f.):

Stamm		Perfekt	
sig	jeg, du, De, han, hun, den, det, vi, I, de	har sagt	ich habe gesagt, du hast gesagt, Sie haben gesagt, ...
få	jeg, du, De, han, hun, den, det, vi, I, de	har fået	ich habe bekommen, du hast bekommen, Sie haben bekommen, ...
bliv	jeg, du, De, han, hun, den, det, vi, I, de	er blevet	ich bin geworden, du bist geworden, Sie sind geworden, ...

Wahl des Hilfsverbs: *have* oder *være*?

► Transitive Verben

Transitive Verben (vgl. S. 71 f.) bilden das Perfekt immer mit *have* (haben):

Jeg har købt et par bukser.	Ich **habe** mir ein Paar Hosen **gekauft**.
Vi har fået en ny kollega.	Wir **haben** einen neuen Kollegen **bekommen**.

Dies gilt auch, wenn transitive Verben nicht mit einem Objekt stehen:

Jeg har allerede spist.	Ich **habe** schon **gegessen**.
De har leget hele dagen.	Sie **haben** den ganzen Tag **gespielt**.

► Intransitive Verben

Bei den intransitiven Verben (vgl. S. 72) unterscheidet man zwei Gruppen:

Sogenannte **durative Verben**, die mit einem **Zeitraum** verbunden werden können, bilden das Perfekt mit *have* (haben):

Søren har arbejdet i en time.	Sören **hat** eine Stunde **gearbeitet**.
Jeg har sovet dårligt i nat.	Ich **habe** heute Nacht schlecht **geschlafen**.

Sogenannte **perfektive Verben**, die die **Veränderung eines Zustands** ausdrücken und mit der Angabe eines **Zeitpunkts** verbunden werden können, bilden das Perfekt mit *være* (sein):

Svend er begyndt at ryge.	Svend **hat angefangen** zu rauchen.
Lone er lige kommet hjem.	Lone **ist** gerade nach Hause **gekommen**.
Vi er flyttet.	Wir **sind umgezogen**.
Torben er blevet fyret.	Torben **ist** gekündigt **worden**.

Achtung! Einige Verben können sowohl eine intransitive als auch eine transitive Bedeutung haben:

intransitiv	Vi er flyttet.	Wir sind umgezogen.
transitiv	Vi har flyttet bordet.	Wir haben den Tisch umgestellt.

► Bewegungsverben

Anders als im Deutschen können Bewegungsverben das Perfekt sowohl mit *have* (haben) als auch mit *være* (sein) bilden, je nachdem, ob man Dauer (durativer Aspekt) oder Veränderung (perfektiver Aspekt) ausdrücken möchte:

Vi har gået rundt i byen i flere timer.	Wir **sind** mehrere Stunden in der Stadt **herumgelaufen**.
Hun er lige gået.	Sie **ist** gerade **gegangen**.
Han har svømmet 20 kilometer en gang.	Er **ist** einmal 20 Kilometer **geschwommen**.
Han er svømmet væk.	Er **ist weggeschwommen**.

Stehen die Bewegungsverben mit einem Objekt, bilden sie das Perfekt, wie alle transitiven Verben, mit *have*:

Vi har gået en lang tur.	Wir haben einen langen Spaziergang gemacht.

Das Verb *være* (sein) bildet das Perfekt anders als im Deutschen mit *have* (haben):

Han har lige været her.	Er **ist** gerade hier **gewesen**.

Gebrauch des Perfekts

Auch mit dem Perfekt werden Handlungen und Ereignisse der Vergangenheit bezeichnet. Es wird im Dänischen in folgenden Fällen verwendet:

- Wenn der **Zeitpunkt nicht definiert** ist bzw. für den Sprechenden keine Rolle spielt:

Hun er lige gået.	Sie **ist** gerade **gegangen**.
Jeg har læst bogen tre gange.	Ich **habe** das Buch dreimal **gelesen**.
Har du nogensinde været i Grønland?	**Bist** du jemals in Grönland **gewesen**?

- Bei **Handlungen, die abgeschlossen** sind, deren **Folgen** aber bis in die **Gegenwart** reichen:

Det har regnet i nat. (Alt er vådt nu.)	Es **hat** heute Nacht **geregnet**. (Alles ist jetzt nass.)
Jeg er holdt op med at ryge. (Jeg ryger ikke mere nu.)	Ich **habe aufgehört** zu rauchen. (Ich rauche jetzt nicht mehr.)

- Oft in **Fragen**:

Har du haft en god ferie?	**Hattest** du einen schönen Urlaub?
Har du hørt, at Ole har fået nyt arbejde?	**Hast** du **gehört**, dass Ole eine neue Arbeit **bekommen hat**?

- Wenn ein **Vorgang noch nicht abgeschlossen** ist, meist mit einer Angabe, wie lange er schon andauert. Im Deutschen verwendet man hier häufig das Präsens:

Jeg har været syg i tre uger.	Ich **bin** seit drei Wochen krank.
Jeg har boet i Danmark i to år.	Ich **wohne** seit zwei Jahren in Dänemark.
Jeg har ikke snakket med hende siden i lørdags.	Ich **habe** seit Samstag nicht mit ihr **gesprochen**.

Achtung, Verwechslungsgefahr:

Jeg har været syg i tre uger. (Jeg er stadigvæk syg.)	Ich **bin** seit drei Wochen krank. (Ich bin immer noch krank.)
Jeg var syg i tre uger. (Nu er jeg rask igen.)	Ich **war** drei Wochen krank. (Jetzt bin ich wieder gesund.)

Gegenüberstellung von Präteritum und Perfekt

Im Deutschen steht häufig das Perfekt für Vorgänge in der Vergangenheit, während man im Dänischen zwischen Perfekt und Präteritum wählen muss. Im Folgenden werden die Hauptunterschiede kontrastiv dargestellt.

Gebrauch

Zeitpunkt: definiert ◄► nicht definiert

► Zusammen mit **Zeitbestimmungen der Vergangenheit** steht das Präteritum. Ist der **Zeitpunkt nicht definiert**, wird das Perfekt verwendet:

I går aftes mødte han sin svoger.	Gestern Abend **hat** er seinen Schwager **getroffen.**
Lone har kun været i Sverige en gang.	Lone **ist** erst einmal in Schweden **gewesen**.

► Bei **Fragen,** die **allgemein auf die Vergangenheit** Bezug nehmen, steht in der Regel das Perfekt. **Antworten** auf derartige Fragen stehen allerdings im Präteritum, da Sprecher dann **in Gedanken in der Vergangenheit** sind:

Har du haft en god weekend? – Ja, vi tog til Vesterhavet.	**Hattest** du ein schönes Wochenende? – Ja, wir **sind** an die Nordsee **gefahren.**
Har du haft en god ferie? – Ja, det var helt fantastisk.	**Hattest** du einen schönen Urlaub? – Ja, es **war** super schön.

Das Präteritum wird immer auch dann verwendet, wenn der **Sprecher an** einen bestimmten **Zeitpunkt** bzw. **Zeitraum** in der **Vergangenheit denkt,** ohne diesen explizit zu erwähnen:

Jeg har lige været i Paris. – Er det rigtigt? Hvad lavede du der?	Ich **war** gerade in Paris. – Ist das wahr? Was **hast** du dort **gemacht**?

Aktivität ◄► Resultat
Das Präteritum wird gebraucht, wenn die **Aktivität** im Vordergrund steht. Denkt man hingegen an die **Folgen der Handlung**, steht das Perfekt:

Da mine børn var små, syede jeg deres tøj.	Als meine Kinder noch klein **waren**, **habe** ich ihre Kleider **genäht**.
Har du set min nye nederdel? Min mor har syet den.	**Hast** du meinen neuen Rock **gesehen**? Meine Mutter **hat** ihn **genäht**.

Signalwörter

Signalwörter weisen auf die Verwendung einer bestimmten Zeitform hin.

Signalwörter zur Verwendung des Präteritums
Alle Zeitangaben, die auf einen bestimmten Zeitpunkt in der Vergangenheit hinweisen (vgl. S. 138 f.), stehen mit Präteritum:
i går (gestern), *i aftes* (gestern Abend), *i forgårs* (vorgestern), *i mandags* (letzten Montag), *for to uger siden* (vor zwei Wochen), *sidste år* (letztes Jahr).

I går gik han sent i seng.	**Gestern ist** er spät ins Bett **gegangen**.

Signalwörter zur Verwendung des Perfekts
Wörter, die auf einen undefinierten Zeitpunkt hinweisen, ziehen die Verwendung des Perfekts nach sich:
nogensinde (jemals), *aldrig* (nie), *tit* (oft), *lige* (gerade), *en gang* (einmal), *mange gange* (viele Male), *hele dagen* (den ganzen Tag).

Hun har set filmen mange gange.	Sie **hat** den Film **mehrmals gesehen**.

Das Plusquamperfekt

Das Plusquamperfekt ist eine zusammengesetzte Zeit der Vergangenheit, die formal dem deutschen Plusquamperfekt entspricht.

Bildung des Plusquamperfekts

Wie im Deutschen besteht das Plusquamperfekt aus zwei Teilen: dem Hilfsverb *have* (haben) oder *være* (sein) im Präteritum und dem Partizip Perfekt des entsprechenden Verbs.

Es werden die gleichen Konjugationsgruppen wie im Präteritum und im Perfekt unterschieden.

Regelmäßige Verben

► Gruppe 1: Partizip Perfekt: Stamm + *-et*

Stamm		Plusquam-perfekt	
lav	jeg, du, De, han, hun, den, det, vi, I, de	havde lav-et	ich hatte gemacht, du hattest gemacht, Sie hatten gemacht, ...
arbejd	jeg, du, De, han, hun, den, det, vi, I, de	havde arbejd-et	ich hatte gearbeitet, du hattest gearbeitet, Sie hatten gearbeitet, ...
flyt	jeg, du, De, han, hun, den, det, vi, I, de	var flyt-tet	ich war umgezogen, du warst umgezogen, Sie waren umgezogen, ...

► Gruppe 2: Partizip Perfekt: Stamm + *-t*

Stamm		Plusquam-perfekt	
tal	jeg, du, De, han, hun, den, det, vi, I, de	havde tal-t	ich hatte gesprochen, du hattest gesprochen, Sie hatten gesprochen, ...

Stamm		Plusquam-perfekt	
rejs	jeg, du, De, han, hun, den, det, vi, I, de	havde / var rejs-t	ich war gereist, du warst gereist, Sie waren gereist, ...
begynd	jeg, du, De, han, hun, den, det, vi, I, de	var begynd-t	ich hatte angefangen, du hattest angefangen, Sie hatten angefangen, ...

Unregelmäßige Verben

Stamm		Plusquam-perfekt	
sig	jeg, du, De, han, hun, den, det, vi, I, de	havde sagt	ich hatte gesagt, du hattest gesagt, Sie hatten gesagt, ...
få	jeg, du, De, han, hun, den, det, vi, I, de	havde fået	ich hatte bekommen, du hattest bekommen, Sie hatten bekommen, ...
kom	jeg, du, De, han, hun, den, det, vi, I, de	var kommet	ich war gekommen, du warst gekommen, Sie waren gekommen, ...

Zur Verwendung der Hilfsverben *havde* (hatte) und *var* (war) gilt Entsprechendes wie beim Perfekt (vgl. S. 80 f.).

Gebrauch des Plusquamperfekts

Wie im Deutschen bezeichnet das Plusquamperfekt Vorgänge, die sich in der Vergangenheit vor anderen Vorgängen abgespielt haben:

Efter at jeg havde købt ind, tog jeg hjem.	Nachdem ich **eingekauft hatte**, fuhr ich nach Hause.
Lene spurgte, om jeg allerede havde købt ind.	Lene fragte, ob ich bereits **eingekauft hatte**.
De havde allerede spist, da Mette kom.	Sie **hatten** schon **gegessen**, als Mette kam.

Das Futur

Im Dänischen gibt es keine besondere Zeitform, um zukünftige Ereignisse oder Handlungen zu beschreiben.

Hilfskonstruktionen

Folgende Konstruktionen sind möglich, um Handlungen oder Ereignisse, die in der Zukunft liegen, auszudrücken:

Präsens
Sehr häufig wird das Präsens verwendet, um zukünftige Handlungen zu beschreiben. Wie im Deutschen steht dann oft zusätzlich eine Zeitangabe der Zukunft:

I morgen går vi i teatret.	Morgen **gehen** wir ins Theater.
De kommer tilbage på søndag.	Sie **kommen** nächsten Sonntag zurück.

***Vil* + Infinitiv**
Für Prognosen stehen Konstruktionen mit dem Modalverb *vil* + Infinitiv:

Hvad vil der ske med hende?	Was **wird** mit ihr **passieren**?
I næste uge vil der komme regn.	Nächste Woche **wird** es Regen **geben**.

***Skal* + Infinitiv**
Für Pläne wird das Modalverb *skal* + Infinitiv verwendet:

Hun skal til læge i morgen.	Sie **geht** morgen zum Arzt.
Vi skal spille håndbold i weekenden.	Wir **spielen** am Wochenende Handball.

Modalverben modifizieren die Art und Weise des Geschehens, sie drücken die subjektive Haltung des Sprechenden zur Handlung aus. So können sie beispielsweise ein Verbot, eine Möglichkeit, einen Wunsch oder eine Erlaubnis ausdrücken.

1. Welche **Modalverben** gibt es?
2. Wie werden die Modalverben **gebraucht**?

Übersicht über die Formen der Modalverben

Die Modalverben gehören der Konjugationsgruppe der unregelmäßigen Verben an:

Infinitiv	Präsens	Präteritum	Partizip Perfekt	Bedeutung
skulle	skal	skulle	skullet	sollen, müssen
ville	vil	ville	villet	wollen
kunne	kan	kunne	kunnet	können
måtte	må	måtte	måttet	dürfen, müssen
burde	bør	burde	burdet	sollen
turde	tør	turde	turdet	wagen
gide	gider	gad	gidet	mögen, Lust haben

Gebrauch der Modalverben

Wie im Deutschen brauchen Modalverben ein weiteres Verb: das Vollverb. Dieses steht im Infinitiv ohne das Infinitivkennzeichen *at* (zu).

Im Folgenden werden die wichtigsten Bedeutungen der Modalverben erläutert.

Skulle

Das Modalverb *skulle* (sollen, müssen) steht in folgenden Funktionen:

Notwendigkeit und Aufträge
Im Deutschen wird diese Funktion mit „müssen" oder mit „sollen" übersetzt:

Det nye hus skal have en stor have.	Das neue Haus **muss** / **soll** einen großen Garten **haben**.
Jeg skal hilse dig fra din søster.	Ich **soll** dich von deiner Schwester **grüßen**.

Befehle und Vorschriften
Auch in dieser Funktion können im Deutschen „müssen" oder „sollen" stehen:

Du skal blive i sengen et par dage.	Du **musst** ein paar Tage im Bett **bleiben**.
Du skal rydde op nu.	Du **sollst** jetzt **aufräumen**.

Wahrscheinlichkeiten
Das Modalverb *skulle* dient wie im Deutschen dazu, Gehörtes wiederzugeben:

Han skal være meget sød.	Er **soll** sehr nett **sein**.

Vorschläge
Vorschläge können sowohl mit als auch ohne *ikke* (nicht) formuliert werden:

Skal vi ikke gå i biografen?	**Sollen** wir (**nicht**) ins Kino **gehen**?
Skal vi besøge ham i morgen?	**Sollen** wir ihn morgen **besuchen**?

Versprechen und Zusagen
Versprechen stehen zusammen mit *nok*:

Jeg skal nok vaske op i dag.	Ich **werde** heute noch **abwaschen**.
Ja, det skal jeg nok.	Ja, das **werde** ich.

Das Modalverb *skulle* kann zusammen mit adverbialen Bestimmungen der Richtung auch ohne Vollverb stehen, wenn die Art der Bewegung keine Rolle spielt:

Hvor skal du hen?	Wo **willst** du hin?
Vi skal hjem nu.	Wir **müssen** jetzt nach Hause.
Vi skal i teatret.	Wir **gehen** ins Theater.

Außerdem wird das Modalverb *skulle* bei der Bildung des Futurs (vgl. S. 87) und bei der Bildung des Konjunktivs (vgl. S. 94 ff.) verwendet.

Ville

Das Modalverb *ville* (wollen) wird in folgenden Fällen verwendet:

Wille / Absicht

Im Deutschen kann in diesem Fall „möchten" und „wollen" stehen:

Han vil prøve at finde et nyt job.	Er **möchte versuchen** einen neuen Job zu finden.
Forældrene vil ikke høre mere om det.	Die Eltern **wollen** nichts mehr davon **hören**.

Wünsche

Wünsche stehen zusammen mit *gerne* (gern):

Jeg vil gerne have en kop kaffe.	Ich **möchte gern** eine Tasse Kaffee (haben).
Jeg vil gerne se fjernsyn i aften.	Ich **möchte** heute Abend **gern fernsehen.**

Es ist unhöflich, die Ergänzung *gerne* (gern) bei an andere Personen gerichteten Wünschen auszulassen.

Bitten

Höfliche Bitten werden zusammen mit *godt* (bitte) und *ikke godt* (nicht bitte) formuliert. Im Deutschen wird der Konjunktiv verwendet:

Vil du godt tale lidt langsommere?	**Würdest** du **bitte** etwas langsamer **sprechen**?
Vil du ikke godt gøre det selv?	**Würdest** du es (**nicht**) **bitte selber machen?**

Außerdem wird das Modalverb *ville* bei der Bildung des Futurs (vgl. S. 87) und bei der Bildung des Konjunktivs (vgl. S. 94 ff.) verwendet.

Kunne

Das Modalverb *kunne* (können) wird wie im Deutschen gebraucht:

Für Fähigkeiten:

Morten kunne cykle, da han var fire år gammel.	Morten **konnte Rad fahren,** als er vier Jahre alt war.
Kan du tale dansk?	Sprichst du Dänisch? (Wörtlich: **Kannst** du Dänisch **sprechen**?)

Für Möglichkeiten:

Kan kjolen byttes?	**Kann** das Kleid **umgetauscht werden**?
Kan jeg betale med euro?	**Kann** ich mit Euro **bezahlen**?

Bei Bitten und höflichen Fragen:

Kan jeg få en øl?	**Kann** ich ein Bier **bekommen**?
Kan du ikke (godt) komme en anden dag?	**Kannst** du nicht bitte einen anderen Tag **kommen**?

Ferner wird das Modalverb *kunne* bei der Bildung des Konjunktivs verwendet (vgl. S. 94 ff).

Måtte

Das Modalverb *måtte* (dürfen, müssen) drückt wie im Deutschen Erlaubnis und Verbote aus:

Erlaubnis
Mithilfe von *måtte* kann eine Erlaubnis erteilt oder um Erlaubnis gebeten werden. Oft steht es in diesen Fällen mit *gerne* oder *godt*:

Må jeg godt gå til fest hos Bo i aften?	**Darf** ich heute Abend auf die Party bei Bo **gehen**?
Ja, det må du gerne / godt.	Ja, das **darfst** du (**gern**).

Verbote

Bei Verboten steht das Modalverb *måtte* verneint:

Nej, du **må ikke gå** til fest i aften.	Nein, du **darfst** heute Abend **nicht** auf die Party **gehen**.
Man **må ikke ryge** her.	Man **darf** hier **nicht rauchen**.

Notwendigkeit

Du **må** altså **blive** i sengen et par dage.	Du **musst** ein paar Tage im Bett **bleiben**.
Jeg **må gå** nu, ellers kommer jeg for sent.	Ich **muss** jetzt **gehen**, sonst komme ich zu spät.

Empfehlungen

Zusammen mit *hellere* (lieber) gebraucht man *måtte*, um Ratschläge zu erteilen (vgl. auch S. 96):

Du **må hellere gå** tidligt i seng.	Du **solltest lieber** früh ins Bett **gehen**.

Vermutungen

Logische Schlussfolgerungen werden mit *må være* formuliert:

Han **må være** mindst 40 år gammel.	Er **muss** mindestens 40 Jahre alt **sein**.

Burde

Moralische Verpflichtung

Mit der Verwendung des Modalverbs *burde* (sollen) drückt der Sprecher moralische Richtigkeit und Vernunft aus:

Man **bør spare** på energien.	Man **sollte** Energie **sparen**.
Man **bør spise** meget frugt og grønt.	Man **sollte** viel Früchte und Gemüse **essen**.

Auch bei der Bildung des Konjunktivs kann *burde* verwendet werden (vgl. S. 94 ff.).

Turde

Wagnisse

Das Modalverb *turde* (wagen) steht häufig negativ und bedeutet, dass man etwas „nicht wagt“ bzw. „nicht den Mut hat“. Anders als im Deutschen steht der Infinitiv ohne *at* (zu):

Han tør ikke sige noget til det.	Er **wagt** nicht, etwas dazu **zu sagen.**
Som barn turde hun ikke gå i vandet.	Als Kind **traute sie sich** nicht ins Wasser **zu gehen.**

Gide

Das Modalverb *gide* (mögen, Lust haben) wird nur in Fragen und negativen Aussagen verwendet:

Fragen

Mit dem Modalverb *gide* drückt man in Fragen eine indirekte Bitte aus:

Gider du lige tænde lyset?	**Magst** du mal eben das Licht **anmachen**?
Gider du vaske op?	**Hast** du **Lust abzuwaschen**?

Achtung: Es ist unhöflich, auf derartige Fragen mit *gider ikke* zu antworten:

Det gider jeg ikke. — Dazu habe ich keine Lust.

Negative Aussagen

Jeg gider ikke rydde op i aften.	Ich **habe keine Lust** heute Abend **aufzuräumen.**
Han gider ikke løbe i dag.	Er **hat** heute **keine Lust zu laufen.**

In der Umgangssprache kann der Infinitiv zusammen mit dem Modalverb *gide* auch mit dem Infinitivkennzeichen *at* (zu) stehen:

Gider du lige at give mig avisen? — **Magst** du mir mal eben die Zeitung **geben?**

Das Verb – der Konjunktiv

Im Gegensatz zum Indikativ stellt der Konjunktiv (auch „Möglichkeitsform“ genannt) das Geschehen als wünschenswert oder irreal bzw. hypothetisch dar.

1. Wie werden die Konjunktivformen **gebildet**?
2. Wie werden die Konjunktivformen **gebraucht**?

Der Konjunktiv I

Die Form des Konjunktiv I

Formal fällt die Form des Konjunktiv I mit der Form des Infinitivs zusammen:

Infinitiv	leve	leben
Konjunktiv	leve	lebe

Gebrauch des Konjunktiv I

Anders als im Deutschen wird der Konjunktiv I nur noch in festen Wendungen, wie beispielsweise Wünschen, verwendet:

Ole længe leve! Dronningen leve! Gud velsigne dig!	Lang lebe Ole! Es **lebe** die Königin! Gott **segne** dich!

Der Konjunktiv II

Die Form des Konjunktiv II

Im Dänischen hat der Konjunktiv II keine eigenständige Form. Er fällt mit dem Indikativ des Präteritums zusammen. Häufig wird das Präteritum der Modalverben verwendet.

Gebrauch des Konjunktiv II

Der Konjunktiv II wird in folgenden Fällen verwendet:

Nicht erfüllbare Bedingungen
In Bedingungssätzen der Gegenwart werden Bedingungen ausgedrückt, die nicht oder sehr wahrscheinlich nicht erfüllbar sind:

Hvis jeg var rask, kunne jeg tage med i biografen.	Wenn ich gesund **wäre, könnte** ich **mit ins Kino gehen.**
Hvis jeg var rig, ville jeg sejle verden rundt.	Wenn ich reich **wäre, würde** ich die Welt **umsegeln.**

Irreale Bedingungssätze können wie im Deutschen auch in der Vergangenheit stehen:

Hvis jeg ikke skulle have arbejdet, ville jeg være kommet.	Wenn ich nicht **hätte arbeiten müssen, wäre** ich **gekommen.**
Hvis du havde ringet, ville jeg ikke have været urolig.	Wenn du **angerufen hättest, hätte** ich mir keine Sorgen **gemacht.**

Nicht erfüllbare Bedingungen werden häufig mit dem Präteritum der Modalverben ausgedrückt:

Du burde have været venligere mod ham.	Du **hättest** ihm gegenüber freundlicher **sein sollen.**
Du skulle ikke have gjort det.	Du **hättest** das nicht **tun sollen.**
Du kunne godt have hjulpet ham med at rydde op.	Du **hättest** ihm **helfen können** aufzuräumen.

Irrealer Vergleichssatz
Wie im Deutschen steht der Konjunktiv II in irrealen Vergleichssätzen mit „als ob":

Jeg følte mig, som om jeg var 10 år yngre.	Ich fühlte mich, als wäre ich 10 Jahre jünger (wörtlich: als ob ich 10 Jahre jünger **wäre**).
Drengene så ud, som om de ingenting forstod.	Die Jungen sahen aus, als verstünden sie nichts (wörtlich: als ob sie nichts **verstünden**).

Irreale Wünsche

Irreale Wünsche werden im Dänischen im Allgemeinen mit Hilfe von Modalverben ausgedrückt. Alternativ können irreale Wünsche auch mit *bare* (bloß) stehen:

Jeg kunne godt tænke mig at tage på ferie, men jeg skal desværre arbejde.	Ich **wünschte** ich **könnte** in Urlaub fahren, aber ich muss leider arbeiten.
Jeg ville ønske, jeg måtte få en ny cykel.	Ich **wünschte**, ich **könnte** ein neues Fahrrad **haben**.
Hvis jeg bare havde taget mine penge med.	Wenn ich **bloß** mein Geld **mitgenommen hätte**.

Statt *jeg ville ønske* (ich wünschte) werden häufig Formulierungen mit *gid* und *bare* gebraucht:

Gid jeg ikke var syg!	Ich **wünschte**, ich **wäre** nicht krank.
Bare det ikke regnede!	**Wenn** es nur nicht **regnen würde**!

Beachten Sie, dass die Wortstellung der Satzadverbien in diesen Sätzen den Regeln der Nebensätze folgt (vgl. S. 153 f.).

Höfliche Bitten

Höfliche Bitten werden im Dänischen häufig mit dem Präteritum von Modalverben formuliert:

Kunne du ikke godt tale lidt langsommere?	**Könnten** Sie (**nicht**) **bitte** etwas langsamer **sprechen**?
De kunne vel ikke hjælpe mig?	Sie **könnten** mir wohl nicht **behilflich sein**?
De ville vel ikke være så venlig, at gøre mig en tjeneste?	**Wären** Sie wohl so freundlich, mir einen Gefallen zu tun?

Empfehlungen / Ratschläge

Du skulle ringe lidt oftere til din mormor.	Du **solltest** deine Oma etwas häufiger **anrufen**.
Jeg ville tage den sorte nederdel.	Ich **würde** den schwarzen Rock **nehmen**.
Du skulle tage handsker på.	Du **solltest** Handschuhe **anziehen**.
Du burde dyrke mere motion.	Du **solltest** mehr Sport **treiben**.

Mit dem Imperativ (auch „Befehlsform“ genannt) werden Befehle, Verbote, Aufforderungen, Wünsche, Warnungen, Instruktionen und Erlaubnis ausgedrückt.

1. Wie wird der Imperativ **gebildet**?
2. Wie wird der Imperativ **gebraucht**?

Die Form des Imperativs

Die Form des Imperativs entspricht dem Verbstamm. Anders als im Deutschen unterscheidet man nicht zwischen Singular und Plural:

Infinitiv	Imperativ = Stamm	Bedeutung
lave	lav	mach, macht
spise	spis	iss, esst
gå	gå	geh, geht
snakke	snak	sprich, sprecht
komme	kom	komm, kommt

Steht der Infinitiv mit Doppelkonsonant nach einem kurzen, betonten Vokal, so entfällt der Doppelkonsonant beim Wegfall der Infinitivendung im Imperativ.

Gebrauch des Imperativs

Der Imperativ richtet sich an eine oder mehrere Personen und wird in folgenden Funktionen verwendet:

Befehle und Aufforderungen

Kom her hen!	**Komm** / **Kommt** hierher!
Luk vinduet!	**Schließ** / **Schließt** das Fenster!

Wünsche

Bei Wünschen steht der Imperativ oft mit *lige* (mal eben) oder mit der Wendung *vær sød* (sei so nett / lieb). Der Befehlscharakter des Imperativs wird dadurch abgeschwächt:

Gør mig lige en tjeneste.	**Tu / Tut** mir **mal eben** einen Gefallen!
Tænd lige for lyset.	**Mach / Macht mal** das Licht **an**!
Vær sød og hent avisen.	**Sei / Seid so nett** und **hol / holt** die Zeitung.

Warnungen

Wie im Deutschen wird der Imperativ bei Warnungen verwendet:

Lad hellere bilen stå!	**Lass / Lasst** das Auto lieber stehen!
Pas på!	**Pass / Passt** auf!

Instruktionen

Der Imperativ steht in Instruktionen, wie beispielsweise in Rezepten und Arbeitsanweisungen:

Steg kødet i en pande.	**Braten Sie** das Fleisch in der Bratpfanne.

Erlaubnis

Als Erlaubnis steht der Imperativ oft mit *bare* (nur, doch):

Tag bare bilen, hvis du vil.	**Nimm (nur)** das Auto, wenn du willst.
Tag bare et stykke chokolade til.	**Nimm / Nehmt doch** noch ein Stück Schokolade.

Das Verb – infinite Verbformen

Das Dänische kennt drei infinite (= nicht konjugierte) Verbformen: den Infinitiv, das Partizip Präsens und das Partizip Perfekt.

1. Welche **infiniten Verbformen** gibt es im Dänischen?
2. Wie werden sie **gebildet**?
3. Wie werden sie **gebraucht**?

Der Infinitiv (Grundform)

Bildung des Infinitivs

Im Allgemeinen wird der Infinitiv durch das Hinzufügen der Endung *-e* an den Verbstamm gebildet:

Stamm	Infinitiv	Bedeutung
lav	lav-e	machen
spis	spis-e	essen
kom	kom-me	kommen

Endet der Verbstamm auf einen Konsonanten, der auf einen betonten, kurzen Vokal folgt, wird dieser Konsonant beim Hinzufügen von Endungen verdoppelt: *kom* ► *komme*.

Endet der Verbstamm bereits mit einem Vokal, hat der Infinitiv keine weitere Endung:

Stamm	Infinitiv	Bedeutung
bo	bo	wohnen
gå	gå	gehen

Gebrauch des Infinitivs

Der Infinitiv kann wie im Deutschen mit und ohne das Infinitivkennzeichen *at* (zu) stehen.

Gebrauch des Infinitivs mit *at*

Infinitive, die mit *at* (zu) stehen, können folgende Funktionen haben:

- Als Substantiv in der Funktion von **Subjekt, Objekt** und **nach Präpositionen:**

At spise langsomt er sundest.	Langsam **zu essen** ist am gesündesten.
Det er dejligt at have ferie.	Es ist schön Urlaub **zu haben.**
Hun lærte at tale dansk, da hun gik i skole.	Sie lernte Dänisch **zu sprechen,** als sie zur Schule ging.
Han fik lov til at gå hjem.	Er bekam die Erlaubnis nach Hause **zu gehen.**
Jeg glæder mig til at besøge dem.	Ich freue mich darauf sie **zu besuchen.**

- Wie im Deutschen bei **Infinitivkonstruktionen,** um beispielsweise eine Absicht auszudrücken:

Jeg ringer for at invitere dig til middag.	Ich rufe an, **um** dich zum Essen **einzuladen.**
Søren rejste sig for at lukke vinduet.	Sören stand auf, **um** das Fenster **zu schließen.**

- Um **Substantiv, indefinite Pronomen** oder **Adjektiv** näher zu **beschreiben**:

Jeg vil gerne have lidt *vand* at drikke.	Ich möchte gern etwas *Wasser* (**zu trinken**).
Skal du også have *noget* at spise?	Nimmst du auch *etwas* **zu essen**?
Det er *svært* at forstå.	Das ist *schwer* **zu verstehen.**

Gebrauch des Infinitivs ohne *at*

Wie im Deutschen können Infinitive ohne das Infinitivkennzeichen *at* (zu) nur als Verben stehen. Sie stehen dann immer zusammen mit anderen Verben:

- Zusammen **mit Modalverben** (vgl. S. 88 ff.):

Jeg skal hilse dig fra Morten.	Ich **soll** dich von Morten **grüßen.**
Han kunne ikke finde nøglerne.	Er **konnte** die Schlüssel nicht **finden.**

► Zusammen **mit Verben der Wahrnehmung** wie *se* (sehen) und *høre* (hören) und nach *bede* (bitten) und *lade* (lassen):

De hørte ham ikke komme.	Sie **hörten** ihn nicht **kommen**.
Lad ham bare prøve det.	**Lass** es ihn einfach **versuchen**.
De bad mig ringe igen.	Sie **baten** mich wieder **anzurufen**.

Achtung: Nach *bede* (bitten) steht der Infinitiv anders als im Deutschen **ohne** Infinitivkennzeichen *at* (zu).

Das Partizip Präsens

Bildung des Partizip Präsens

Das Partizip Präsens wird durch Anhängen der Endung *-ende* an den Verbstamm gebildet:

Stamm	Infinitiv	Bedeutung
syng	syng-ende	singend
spis	spis-ende	essend
løb	løb-ende	laufend

Gebrauch des Partizip Präsens

Das Partizip Präsens ist unveränderlich und kann als Verb, als Adjektiv, als Adverb und als Substantiv fungieren.

Das Partizip Präsens als Verb

Als Verb steht das Partizip Präsens immer zusammen mit anderen Verben.

► Zusammen mit *komme* (kommen):
Zusammen mit dem Verb *komme* können wie im Deutschen Bewegungsverben im Partizip Präsens stehen. Die Sätze bekommen dadurch einen lebendigeren Charakter:

De kom løbende ind i haven.	Sie liefen (wörtlich: kamen **laufend**) in den Garten.
Hundene kom spingende hen til ham.	Die Hunde sprangen (wörtlich: kamen **springend**) auf ihn zu.

► Zusammen mit *blive* (bleiben):
Anders als im Deutschen steht hier nicht der Infinitiv, sondern das Partizip Präsens:

De blev siddende længe.	Sie blieben lange **sitzen**.
Familien vil helst blive boende på landet.	Die Familie möchte am liebsten auf dem Lande **wohnen** bleiben.

► Zusammen mit *have* (haben):
Auch in diesem Fall steht im Deutschen der Infinitiv:

Han har sin bil stående i garagen.	Er hat sein Auto in der Garage **stehen**.
Hun plejer at have sine nøgler liggende i skuffen.	Sie hat ihre Schlüssel gewöhnlich in der Schublade **liegen**.

Das Partizip Präsens als Adjektiv
Als Adjektiv kann das Partizip Präsens sowohl attributiv als auch prädikativ stehen.

► Attributiver Gebrauch:
Als Attribut steht das Partizip Präsens wie im Deutschen vor einem Substantiv und ersetzt einen Relativsatz:

en flyvende kuffert (= en kuffert, der flyver)	ein **fliegender** Koffer (= ein Koffer, der fliegt)
en løbende mand (= en mand, der løber)	ein **laufender** Mann (= ein Mann, der läuft)

► Prädikativer Gebrauch:
Prädikativ steht das Partizip Präsens nach dem Verb:

Hendes lillesøster er somme tider irriterende.	Ihre kleine Schwester ist manchmal **nervig**.
Larmen fra motorvejen var meget generende.	Der Lärm von der Autobahn war sehr **störend**.

Das Partizip Präsens als Adverb
Wie im Deutschen kann das Partizip Präsens Verben näher beschreiben:

Han gik syngende gennem stuen.	Er ging **singend** durch das Wohnzimmer.
De kom leende ind.	Sie kamen **lachend** herein.

Das Partizip Präsens als Substantiv
Wie alle anderen Adjektive kann auch das Partizip Präsens als Substantiv verwendet werden:

Mange studerende arbejder ved siden af deres studium.	Viele **Studierende** arbeiten neben ihrem Studium.
Alle rejsende måtte vente i to timer.	Alle **Reisenden** mussten zwei Stunden warten.

Das Partizip Perfekt

Bildung des Partizips Perfekt

Zur Bildung des Partizips Perfekt siehe S. 78 ff.

Gebrauch des Partizips Perfekt

Das Partizip Perfekt wird wie im Deutschen als Verb oder als Adjektiv gebraucht:

Das Partizip Perfekt als Verb
Als Verb steht das Partizip Perfekt zusammen mit anderen Verben.

- Beim Perfekt und beim Plusquamperfekt (vgl. S. 78 ff. und 85 f.):

Jeg *er* ikke blevet færdig endnu.	Ich *bin* noch nicht fertig **geworden**.
Han *havde* ikke hørt noget fra hende i lang tid.	Er *hatte* lange nichts von ihr **gehört**.

- Beim Passiv (vgl. S. 108 f.):

Han *blev* klippet i går.	Ihm *wurden* gestern die Haare **geschnitten**.
Alt *er blevet* solgt.	Alles *ist* **verkauft** *worden*.

Das Partizip Perfekt als Adjektiv

Das Partizip Perfekt kann als Adjektiv attributiv und prädikativ verwendet werden (vgl. S. 27 ff.).

► Attributiver Gebrauch:

Steht das Partizip Perfekt attributiv vor einem Substantiv, ist es wie im Deutschen veränderlich.

-et ► *-ede*

Endet ein Partizip Perfekt auf *-et*, hat es wie die entsprechenden Adjektive (vgl. S. 31) **im Plural** und **in den bestimmten Formen** die Endung *-ede*:

Utrum	en stribet skjorte	ein gestreiftes Hemd
Neutrum	et stribet slips	ein gestreifter Schlips
Bestimmt	den stribede skjorte	das gestreifte Hemd
Plural	stribede skjorter	gestreifte Hemden

-t ► *-te*

Endet ein Partizip Perfekt auf *-t* , steht es wie die entsprechenden Adjektive (vgl. S. 30) **im Plural** und **in den bestimmten Adjektivformen** mit angehängtem *-e*:

Utrum	en solgt bil	ein verkauftes Auto
Neutrum	et solgt hus	ein verkauftes Haus
Bestimmt	det solgte hus	das verkaufte Haus
Plural	solgte huse	verkaufte Häuser

-et ► *-en*, *-ne*

Das Partizip Perfekt einiger weniger **starker, unregelmäßiger Verben** endet im Utrum auf *-en* sowie in der bestimmten Form und der Pluralform auf *-ne*:

Utrum	en vunden fodboldkamp	ein gewonnenes Fußballspiel
Neutrum	et vundet spil	ein gewonnenes Spiel
Bestimmt	den vundne kamp	das gewonnene Fußballspiel
Plural	to vundne fodboldkampe	zwei gewonnene Fußballspiele

In der Umgangssprache wird immer häufiger nur die *et*-Form verwendet.

► Prädikativer Gebrauch:
Beim prädikativen Gebrauch des Partizips Perfekt muss im Dänischen unterschieden werden, ob die Handlung oder der Zustand im Vordergrund steht. Steht der **Zustand** im Vordergrund, wird das Partizip wie beim attributiven Gebrauch flektiert. Steht aber die **Handlung** im Vordergrund, sind die Partizipien unveränderlich:

Zustand

Gæsterne er indbudte.	Die Gäste sind **eingeladen**.
De var irriterede over hans opførsel.	Sie waren von seinem Verhalten **irritiert**.
Grøntsagerne er frosne.	Das Gemüse ist **eingefroren**.

Handlung

Gæsterne er indbudt.	Die Gäste sind **eingeladen**.
De var irriteret over hans opførsel.	Sie waren von seinem Verhalten **irritiert**.
Grøntsagerne er blevet frosset.	Das Gemüse **ist eingefroren worden**.

Das Verb – das Passiv

Aktiv- und Passivsätze haben die gleiche Aussage, jedoch eine unterschiedliche Perspektive. Im Aktivsatz steht das Subjekt als Urheber der Handlung im Vordergrund, während im Passivsatz die Handlung im Mittelpunkt steht. Das Dänische kennt im Gegensatz zum Deutschen **zwei Passivformen**.

1. Wie unterscheiden sich Aktivsätze von Passivsätzen?
2. Welche **Passivformen** gibt es?
3. Wie werden sie gebildet?
4. Wie werden sie gebraucht?
5. Welche Verben haben eine **passive Form** und eine **aktive Bedeutung**?
6. Welche **Konkurrenzformen zum Passiv** gibt es?

Vom Aktivsatz zum Passivsatz

Das Subjekt im Passivsatz

In aktiven Sätzen handelt das Subjekt, während im Passivsatz etwas mit ihm geschieht. Das Objekt des Aktivsatzes ist Subjekt des Passivsatzes:

Aktivsatz	Moren henter barnet fra vuggestuen.	Die Mutter holt **das Kind** aus der Krippe ab.
Passivsatz	Barnet bliver hentet fra vuggestuen.	**Das Kind** wird aus der Krippe abgeholt.

Einführung des Urhebers der Handlung im Passivsatz

Passivsätze werden verwendet, wenn der Urheber der Handlung allgemein bekannt, unbekannt oder unwichtig ist und das Objekt des Aktivsatzes beziehungsweise die Handlung oder der Vorgang im Mittelpunkt stehen.

Barnet bliver hentet. Vinduerne bliver pudset.	Das Kind **wird abgeholt.** Die Fenster **werden geputzt.**

Möchte man den **Urheber** der Handlung trotzdem **benennen**, wird die Präposition *af* (von) verwendet:

Barnet bliver hentet af sin mor.	Das Kind wird **von seiner Mutter** abgeholt.
Filmen er blevet set af mange mennesker.	Viele haben den Film gesehen. (Wörtlich: Der Film wurde **von vielen Menschen** gesehen.)

Wie im Deutschen können auch **intransitive Verben**, die kein Objekt haben (vgl. S. 71 f.), einen Passivsatz ohne Subjekt bilden. Als formales Subjekt steht dann *der* (es):

Der blev danset hele natten.	Es **wurde** die ganze Nacht **getanzt**.
Der tales meget om det kongelige bryllup.	Es **wird** viel von der königlichen Hochzeit **gesprochen**.

Vorgangs- und Zustandspassiv

Wie im Deutschen unterscheidet man das Vorgangspassiv, mit dem die Handlung beschrieben wird, und das Zustandspassiv, mit dem das Resultat einer Handlung benannt wird.

Vorgangspassiv

Bogen er blevet oversat.	Das Buch **ist übersetzt worden**.
Sagen var blevet afgjort.	Die Sache **war entschieden worden**.

Zustandspassiv

Bogen er oversat.	Das Buch **ist übersetzt**.
Sagen var afgjort.	Die Sache **war entschieden**.

Das *blive*-Passiv

Bildung des *blive*-Passivs

Das *blive*-Passiv besteht aus zwei Teilen: dem Hilfsverb *blive* (werden) und dem Partizip Perfekt des entsprechenden Verbs:

Infinitiv	blive vasket	gewaschen werden
Präsens	han bliver vasket	er wird gewaschen
Präteritum	han blev vasket	er wurde gewaschen
Perfekt	han er blevet vasket	er ist gewaschen worden
Plusquamperfekt	han var blevet vasket	er war gewaschen worden
Futur	han vil blive vasket	er wird gewaschen werden
Konjunktiv	han ville være blevet vasket	er wäre gewaschen worden

Gebrauch des *blive*-Passivs

Im Dänischen Sprachgebrauch wird fast immer das *blive*-Passiv verwendet, vor allem im mündlichen Sprachgebrauch.

- Es bezeichnet in der Regel **einzelne Vorgänge** oder **abgeschlossene Handlungen**:

Vores hus bliver solgt i dag.	Unser Haus **wird** heute **verkauft**.
I sidste uge blev hans cykel stjålet.	Letzte Woche **wurde** sein Fahrrad **geklaut**.

- Das *blive*-Passiv kann aber auch **bei wiederholten Vorgängen** gebraucht werden:

Vi bliver kørt hjem hver dag.	Wir **werden** jeden Tag nach Hause **gefahren**.
Pigen bliver altid hentet ved stationen.	Das Mädchen **wird** immer an der S-Bahn **abgeholt**.

► Im Perfekt und im Plusquamperfekt muss immer das *blive*-Passiv stehen:

Tøjet er blevet vasket.	Die Kleidung **ist gewaschen worden**.
Brevet var blevet skrevet.	Der Brief **war geschrieben worden**.

Das *s*-Passiv

Bildung des *s*-Passivs

Das *s*-Passiv wird durch Hinzufügen der Endung *-s* an Infinitiv bzw. Präteritum gebildet. Das *s*-Passiv ist nur im Infinitiv, Präsens und Präteritum möglich:

Infinitiv	kan vaske-s	kann gewaschen werden
Präsens	den vaske-s	es wird gewaschen
Präteritum	den vaskede-s	es wurde gewaschen

Einige Verben bilden das Passiv nur mit *-s*: *eje* (besitzen), *have* (haben), *få* (bekommen), *vide* (wissen), *tænke* (denken), *mene* (meinen), *skylde* (schulden), *behøve* (brauchen), *håbe* (hoffen).

Gebrauch des *s*-Passivs

► Für **generelle** und **wiederholte Vorgänge**:

Postkassen tømmes hver dag klokken 10.00.	Der Briefkasten **wird** jeden Tag um 10.00 Uhr **geleert**.
Dørene åbnes en halv time før forestillingen.	Die Türen **werden** eine halbe Stunde vor der Vorstellung **geöffnet**.

► In **Arbeitsanweisungen** und **Bedienungsanleitungen**:

Kødet steges i fem minutter.	Das Fleisch **wird** fünf Minuten **gebraten**.
Lampen monteres på loftet med to skruer.	Die Lampe **wird** mit zwei Schrauben an der Decke **montiert**.

► In **Überschriften** und anderen kurzen Texten:

Værelse søges. Brugte cykler købes.	Zimmer **gesucht.** Gebrauchte Fahrräder zu kaufen gesucht (wörtlich: **werden gekauft**).

► Zusammen **mit Modalverben**:

Bøgerne *skal* bestilles.	Die Bücher *müssen* **bestellt werden.**
Græsset *må* ikke betrædes.	Der Rasen *darf* nicht **betreten werden.**

► Die *s*-Form wird nur sehr selten im Präteritum verwendet:

Gæsterne ventedes klokken 19.00.	Die Gäste **wurden** um 19.00 Uhr **erwartet.**

Verben mit passiver Form und aktiver Bedeutung

Im Dänischen gibt es Verben, die auf -*s* enden, und gleichzeitig keine passivische Bedeutung haben. Zu dieser Gruppe von Verben gehören die Deponentien und die reziproken Verben.

Deponentien

Deponente Verben sind Verben, die mit einer passiven Form, der *s*-Form, eine aktive Bedeutung haben.

Formen der Deponentien

Wie das *s*-Passiv können alle Deponentien im Infinitiv, Präsens und Präteritum stehen. Einige deponente Verben können zusätzlich zusammengesetzte Zeiten wie Perfekt und Plusquamperfekt bilden.

Infinitiv	Präsens	Präteritum	Perfekt	Plusquamperfekt	Bedeutung
lykkes	lykkes	lykkedes	er lykkedes	var lykkedes	gelingen
længes	længes	længtes	har længtes	havde længtes	sich sehnen
findes	findes	fandtes			geben, vorkommen

Gebrauch der Deponentien

Der findes ikke nogen bjerge i Danmark.	In Dänemark **gibt** es keine Berge.
Han synes, at det er en god idé.	Er **findet**, dass das eine gute Idee ist.
Hun har længtes meget efter foråret.	Sie **hat** sich sehr nach dem Frühjahr **gesehnt**.

Reziproke Verben

- Bei den reziproken Verben zeigt die *s*-Form, dass **mindestens zwei Personen etwas gemeinsam tun**:

Vi mødes hver fredag.	Wir **treffen uns** jeden Freitag.
Lad være med at skændes.	Lasst das Streiten sein.
Vi ses på mandag.	Wir **sehen uns** Montag.

- Wenn das **Subjekt nur eine Person** ist, wird die Präposition *med* (mit) verwendet:

I går sloges jeg med min bror.	Gestern habe ich mich mit meinem Bruder geschlagen.

- Die reziproken Verben werden nur **selten** bei den **zusammengesetzten Zeiten** verwendet:

Vi har ofte fulgtes i skolen.	Wir **sind** oft **gemeinsam** zur Schule **gegangen**.

Konkurrenzformen des Passivs

Folgende aktive Konstruktionen können Passivkonstruktionen ersetzen:

Man + aktives Verb

Man siger, at hun er syg. Hvordan udtaler man det?	**Man sagt**, dass sie krank sei. Wie **spricht man** das aus?

De oder *folk* + aktives Verb

Die Verwendung von *de* (sie) und *folk* (Leute) mit vager Referenz ähnelt der Verwendung von *man* (man):

De siger, at der vil komme regn. Folk tror, at arbejdsløsheden vil stige igen.	**Sie sagen**, dass es regnen wird. **Die Leute glauben**, dass die Arbeitslosigkeit wieder zunimmt.

Das Adverb

Adverbien (auch „Umstandswörter" genannt) dienen dazu, Verben, Adjektive, andere Adverbien oder ganze Sätze näher zu bestimmen. Adverbien sind wie im Deutschen unveränderlich.

1. Welche **Formen** hat das Adverb?
2. Wie werden Adverbien **klassifiziert**?
3. Welche **Frageadverbien** gibt es?
4. Welche **Zentraladverbien** gibt es?
5. Welche **Schlussadverbien** gibt es?
6. Welche **Modaladverbien der Intensität** gibt es?
7. Wie werden Adverbien **gesteigert**?

Form des Adverbs

Man unterscheidet zwischen abgeleiteten und ursprünglichen Adverbien.

Abgeleitete Adverbien

Die meisten abgeleiteten Adverbien werden von Adjektiven abgeleitet.

Abgeleitete Adverbien auf -*t*

- In der Regel wird ein -*t* an die Grundform des Adjektivs angehängt:

Adjektiv	Hun er smuk.	Sie ist **schön**.
Adverb	Hun synger smukt.	Sie singt **schön**.

- Hat das Adjektiv keine *t*-Form (vgl. S. 30), steht auch das abgeleitete Adverb ohne -*t*:

Adjektiv	Billedet er moderne.	Das Bild ist **modern**.
Adverb	De indretter sig moderne.	Sie richten sich **modern** ein.

Abgeleitete Adverbien auf *-vis*

► Einige Adverbien werden gebildet, indem die Endung *-vis* an **Adjektive** angefügt wird:

Adjektiv	Det er muligt.	Das ist **möglich**.
Adverb	Hun er muligvis syg.	Sie ist **möglicherweise** krank.

► Auch von **Substantiven** können Adverbien abgeleitet werden:

Vi har ikke været i sommerhus i ugevis.	Wir sind **seit Wochen** nicht im Ferienhaus gewesen.

Ursprüngliche Adverbien

Neben den abgeleiteten Adverbien gibt es zahlreiche ursprüngliche Adverbien, die nicht von anderen Wortarten abgeleitet sind:

Hun drikker aldrig kaffe om morgenen.	Sie trinkt morgens **nie** Kaffee.
Børnene vil ikke rydde op.	Die Kinder wollen **nicht** aufräumen.
Han er ved at gå ned ad trappen.	Er ist dabei die Treppe **runter** zu gehen.
Det ved du jo godt.	Das weißt du **doch** gut.
Hun er meget god til at snakke dansk.	Sie spricht **sehr** gut Dänisch.

Klassifizierung der Adverbien

Adverbien bilden eine sehr heterogene Gruppe, die unterschiedlich klassifiziert werden kann. So kann man die Gruppe der Adverbien nach ihrer Bedeutung und nach ihrer Stellung im Satz klassifizieren.

Bedeutung

Nach der Bedeutung von Adverbien unterscheidet man:

Lokaladverbien
Lokal- oder Ortsadverbien geben eine Antwort auf die Frage „wo?" oder „wohin?". Die Ortsadverbien haben im Dänischen zwei Formen.

Die kurze Form
Die kurze Form gibt die Richtung an und antwortet auf die Frage „wohin?“:

Hvor skal du hen?	Wo willst du **hin**?
Jeg skal op til min svoger.	Ich gehe **rauf** zu meinem Schwager.
Børnene løb ind i huset.	Die Kinder liefen **rein** ins Haus.

Die lange Form
Die lange Form bezeichnet einen Ort und gibt eine Antwort auf die Frage „wo?“:

Hvor er du henne?	Wo bist du?
Katten ligger oppe på skabet.	Die Katze liegt **oben** auf dem Schrank.
De leger inde i huset.	Sie spielen **drinnen** im Haus.

Temporaladverbien
Adverbien der Zeit geben eine Antwort auf die Frage „wann?“. Typische Zeitadverbien sind *altid* (immer), *aldrig* (nie), *tit* (oft), *somme tider* (manchmal), *pludselig* (plötzlich):

Jeg ringer til ham nu.	Ich rufe ihn **jetzt** an.
Hun er lige kommet.	Sie ist **gerade** gekommen.
Jeg har allerede gjort rent.	Ich habe **bereits** sauber gemacht.
Han siger, at han snart besøger os.	Er sagt, dass er uns **bald** besucht.

Modaladverbien der Qualität
Adverbien der Art und Weise geben eine Antwort auf die Frage „wie?“ und beschreiben das Verb näher. Häufig sind sie von Adjektiven abgeleitet.

Han danser godt.	Er tanzt **gut**.
De svarede forkert på spørgsmålet.	Sie antworteten **falsch** auf die Frage.
Han vågner langsomt.	Er wacht **langsam** auf.

Modaladverbien der Intensität

Adverbien der Intensität geben eine Antwort auf die Frage „wie sehr?“:

Hun danser enormt godt.	Sie tanzt **enorm** gut.
Børnene er lidt trætte.	Die Kinder sind **etwas** müde.

Kommentaradverbien

Adverbien der Stellungnahme und Bewertung bekunden die Haltung des Sprechenden zu dem Gesagten, z. B. *vel nok* (aber), *virkelig* (wirklich), *desværre* (leider), *gerne* (gern).

Vi kan desværre ikke tage med.	Wir können **leider** nicht mitkommen.
Jeg fik heldigvis fri.	Ich habe **glücklicherweise** frei bekommen.
Det er simpelthen for meget.	Das ist **einfach** zu viel.
Hun hjælper os selvfølgelig med at flytte.	Sie hilft uns **selbstverständlich** beim Umziehen.
Det er da ikke dyrt.	Das ist **doch** nicht teuer.

Konjunktionaladverbien

Mit diesen Adverbien werden Sachverhalte zueinander in Beziehung gesetzt:

Hun er syg, men hun kommer alligevel.	Sie ist krank, aber sie kommt **trotzdem**.
Svend kan ikke cykle, og hans søster kan heller ikke cykle.	Svend kann nicht Rad fahren, und seine Schwester **auch nicht**.
Vi skal på stranden. Kommer du også med?	Wie gehen an den Strand. Kommst du **auch** mit?
Han er træt. Derfor ligger han allerede i sengen.	Er ist müde. **Darum** liegt er bereits im Bett.
Du skulle skynde dig. Ellers kommer du for sent.	Du solltest dich beeilen. **Sonst** kommst du zu spät.

Stellung im Satz

Nach ihrer Position im Satz (vgl. Kapitel 17, S. 148 ff.) können die Adverbien in vier Gruppen eingeteilt werden:

Frageadverbien
Frageadverbien stehen am Anfang des Satzes:

Hvor bor du henne?	**Wo** wohnst du?
Hvornår skal du af sted?	**Wann** musst du los?

Zentraladverbien
Satzadverbien werden im Dänischen nach ihrer Position innerhalb des Zentralfeldes (vgl. S. 150 ff.) *centraladverbier* (Zentraladverbien) genannt. In Hauptsätzen stehen sie in der Regel nach dem finiten Teil des Prädikats, in Nebensätzen vor dem finiten Teil des Prädikats:

Min kone er altid i godt humør om morgenen.	Meine Frau hat morgens **immer** gute Laune.
Han siger, at hans kone altid er i godt humør om morgenen.	Er sagt, dass seine Frau morgens **immer** gute Laune hat.

Schlussadverbien
Die Schlussadverbien stehen in Haupt- und Nebensätzen nach dem Prädikat:

Nissen sidder oppe på loftet.	Der Weihnachtswichtel sitzt **oben** auf dem Dachboden.
Han spørger, om hun har sovet godt.	Er fragt, ob sie **gut** geschlafen hat.

Modaladverbien der Intensität
Adverbien der Intensität stehen wie im Deutschen vor Adjektiven bzw. vor Adverbien:

Det er temmelig varmt i dag.	Es ist **ziemlich** warm heute.
Hun løber meget hurtigt.	Sie läuft **sehr** schnell.

Frageadverbien

Gebrauch der Frageadverbien

Die am Satzanfang stehenden Frageadverbien *hvor*, *hvornår*, *hvordan*, *hvorfor* fragen nach dem Ort, der Zeit, der Art und Weise bzw. dem Grund:

Hvor arbejder du henne?	**Wo** arbeitest du?
Hvornår står du op om morgenen?	**Wann** stehst du morgens auf?
Hvordan går det med Hanne?	**Wie** geht es Hanne?
Hvorfor spiser du ikke fisk?	**Warum** isst du keinen Fisch?

Weitere Adjektive und Adverbien können fragend verwendet werden, indem *hvor* (wo) vorangestellt wird:

Hvor gammel er du?	**Wie alt** bist du?
Hvor tit går du i biografen?	**Wie oft** gehst du ins Kino?

Zentraladverbien

Zentraladverbien werden im Deutschen häufig Satzadverbien genannt. Sie geben an, wie der ganze Satz zu verstehen ist.

Gebrauch von Zentraladverbien

Die Verwendung von satzmodifizierenden Adverbien verändert die Bedeutung eines Satzes:

Hun drikker ikke kaffe.	Sie trinkt **keinen** Kaffee.
Hun drikker kun kaffe.	Sie trinkt **nur** Kaffee.
Hun drikker måske kaffe.	Sie trinkt **vielleicht** Kaffee.
Hun drikker tit kaffe.	Sie trinkt **oft** Kaffee.
Hun har lige drukket kaffe.	Sie hat **gerade** Kaffee getrunken.

Einige Zentraladverbien können auch an erster Position in einem Hauptsatz stehen, wenn sie betont werden sollen (vgl. S. 158 f.):
Måske drikker hun kaffe. **Vielleicht** trinkt sie Kaffee.

Auch die große Gruppe der Zentraladverbien kann nach ihrer Bedeutung wie folgt unterteilt werden (vgl. S. 114 ff.):

- Zentraladverbien der Zeit (Temporaladverbien, S. 115)
- Zentraladverbien der Stellungnahme (Kommentaradverbien, S. 116)
- Konjunktionale Zentraladverbien (S. 116)

Schlussadverbien

Die nach dem Prädikat stehenden Schlussadverbien lassen sich in zwei Gruppen einteilen:

- Ortsadverbien (vgl. S. 114 f.)

Vi kan blive her.	Wir können **hier** bleiben.
Han er gået hjem.	Er ist **nach Hause** gegangen.

- Modaladverbien der Qualität (vgl. S. 115)

De har cyklet hurtigt langs kysten.	Sie sind mit den Rädern **schnell** die Küste entlang gefahren.

Modaladverbien der Intensität

Modaladverbien des Grades oder der Intensität können Adjektive bzw. Adverbien näher bestimmen. Es werden zwei Gruppen unterschieden:

Ursprüngliche Modaladverbien der Intensität

Vor einem Adjektiv

Det var helt forkert.	Das war **ganz** falsch.
Hun er temmelig forkølet.	Sie ist **ziemlich** erkältet.
Hun er lidt nervøs.	Sie ist **etwas** nervös.

Vor einem Adverb

Han kørte ikke særlig stærkt.	Er fuhr **nicht besonders** schnell.
Det lød ret uhyggeligt.	Es klang **recht** unheimlich.
Han er næsten aldrig i dårligt humør.	Er ist **fast** nie schlechter Laune.

Abgeleitete Modaladverbien der Intensität

Einige wenige Modaladverbien der Intensität fügen wie andere von Adjektiven abgeleitete Adverbien ein *-t* an die Grundform des Adjektivs:

Han er enormt sulten.	Er ist **enorm** hungrig.

Adjektive hingegen, die auf *-ig* oder auf *-lig* enden, bekommen kein *-t*, wenn sie als Modaladverbien der Intensität fungieren:

Det var dejlig varmt i vandet.	Es war **schön** warm im Wasser.
Det var en utrolig god film.	Das war ein **unglaublich** guter Film.
Det var en rigtig god fest.	Es war eine **wirklich** gute Party.

Steigerung des Adverbs

Abgeleitete Adverbien

Adverbien, die von Adjektiven abgeleitet sind, werden genau wie die entsprechenden Adjektive gesteigert (vgl. S. 31 f.):

Hun synger smukt / smukkere / smukkest.	Sie singt **schön** / **schöner** / **am schönsten**.
Pigen læser godt / bedre / bedst.	Das Mädchen liest **gut** / **besser** / **am besten**.

Ursprüngliche Adverbien

Nur wenige ursprüngliche Adverbien haben Steigerungsformen:

gerne – hellere – helst	gern – lieber – am liebsten
ofte – oftere – oftest	oft – öfter – am öftesten
snart – snarere – snarest	bald – eher – baldigst

Die Konjunktionen

Konjunktionen (auch „Bindewörter“ genannt) dienen dazu, Wörter, Satzteile oder ganze Sätze miteinander zu verbinden.

1. Was ist eine **Konjunktion**?
2. Welche **beiordnenden Konjunktionen** gibt es?
3. Welche **unterordnenden Konjunktionen** gibt es?

Was ist eine Konjunktion?

Konjunktionen werden in zwei Gruppen eingeteilt:

Beiordnende Konjunktionen

Die beiordnenden oder koordinierenden Konjunktionen verbinden Wörter, Satzteile oder Sätze **der gleichen Art** miteinander. Sie werden wie im Deutschen verwendet:

Lene har købt en frakke og en nederdel.	Lene hat einen Mantel **und** einen Rock gekauft.
De ringer fredag aften eller lørdag morgen.	Sie rufen Freitagabend **oder** Samstagmorgen an.
Han ville give en omgang, men han havde glemt sine penge.	Er wollte eine Runde ausgeben, **aber** er hatte sein Geld vergessen.

Unterordnende Konjunktionen

Die unterordnenden oder subordinierenden Konjunktionen leiten einen **Nebensatz** ein. Anders als im Deutschen steht das Verb in Nebensätzen nicht am Satzende (vgl. S. 153 ff.):

De spørger, om vi ikke vil besøge dem i weekenden.	Sie fragen, **ob** wir sie nicht am Wochenende besuchen wollen.
Jeg kan desværre ikke tage med, fordi jeg allerede har en aftale.	Ich kann leider nicht mitkommen, **weil** ich schon eine Verabredung habe.

Beiordnende Konjunktionen

Konjunktionen, die Wörter und Satzglieder verbinden

Einfache Konjunktionen

Die einfachen Konjunktionen *og* (und), *eller* (oder) und *samt* (sowie) können Wörter und Satzglieder verbinden:

Vi ønsker jer en god jul samt et godt nytår!	Wir wünschen euch schöne Weihnachten und (wörtlich: **sowie**) ein frohes neues Jahr!
Er du sulten eller tørstig?	Bist du hungrig **oder** durstig?

Zweiteilige Konjunktionen

Wie im Deutschen stehen auch zweiteilige Konjunktionen wie *både ... og* (sowohl ... als auch), *enten ... eller* (entweder ... oder) und *hverken ... eller* (weder ... noch), um Wörter oder Satzglieder zu verbinden:

Hun drikker både kaffe og te.	Sie trinkt **sowohl** Kaffee **als auch** Tee.
Jeg får hverken tid til det i dag eller i morgen.	Ich habe **weder** heute **noch** morgen Zeit dafür.
Jeg skal nok nå det enten i overmorgen eller i næste uge.	Ich werde es **entweder** übermorgen **oder** nächste Woche schaffen.

Konjunktionen, die Sätze verbinden

Hauptsätze

Die Konjunktionen *og* (und), *eller* (oder), *men* (aber) und *for* (denn) können zwischen zwei Hauptsätzen stehen:

Jeg er forkølet, og min datter har røde hunde.	Ich bin erkältet **und** meine Tochter hat Röteln.
Du kan ikke få fat i hende, for hun er til møde.	Du kannst sie nicht erreichen, **denn** sie ist in einer Sitzung.

Nebensätze

Die Konjunktionen *og* (und), *eller* (oder) und *men* (aber) können auch zwei Nebensätze verbinden:

Hun siger, at jeg skal komme hjem, og at jeg skal skynde mig.	Sie sagt, dass ich nach Hause kommen soll **und** dass ich mich beeilen soll.
De kan ikke bestemme sig for, om de skal ud at sejle, eller om de skal ud at vandre.	Sie können sich nicht entscheiden, ob sie segeln (wollen) **oder** (ob sie) wandern wollen.

Unterordnende Konjunktionen

Allgemein einleitende Nebensatzkonjunktionen

At (dass)

Die Konjunktion *at* (dass) ist eine der am häufigsten verwendeten Konjunktionen. Nebensätze mit *at* (dass) können wie im Deutschen ein Objekt, Subjekt oder Prädikat ersetzen:

Jeg tror, at det snart vil begynde at regne.	Ich glaube, **dass** es bald anfängt zu regnen.
Det er længe siden, at hun har været i København.	Es ist lange her, **dass** sie in Kopenhagen war.
Det vigtigste er, at vi finder en løsning.	Am wichtigsten ist, **dass** wir eine Lösung finden.

Ersetzt der *at*-Nebensatz ein Objekt oder ein Subjekt, kann die Konjunktion anders als im Deutschen auch ausgelassen werden:

Han siger, (at) han ikke kommer til dansk i dag.	Er sagt, **dass** er heute nicht zum Dänisch kommt.
Der er forstyrrende, (at) du altid hører så høj musik.	Es ist störend, **dass** du immer so laute Musik hörst.

_Om_ (ob)
Auch Nebensätze mit *om* (ob) können ein Objekt, Subjekt oder Prädikat ersetzen:

Han spurgte, om de ikke kunne hjælpe ham.	Er fragte, **ob** sie ihm nicht helfen könnten.
Det er spændende, om holdet vinder.	Es ist spannend, **ob** die Mannschaft gewinnt.
Spørgsmålet er, om du kan klare det.	Die Frage ist, **ob** du es schaffen kannst.

Nebensatzkonjunktionen nach ihrer Bedeutung

Nebensatzkonjunktionen können anhand ihrer Bedeutung unterschieden werden. Die folgenden Nebensatzkonjunktionen führen adverbiale Nebensätze ein.

Temporale Konjunktionen
Die Beispiele geben einen Überblick über die wichtigsten **zeitlichen Nebensatzkonjunktionen**:

Da jeg var lille, boede vi på Bornholm.	**Als** ich klein war, wohnten wir auf Bornholm.
Jeg kan godt lide at høre musik, når jeg løber.	Ich höre gern Musik, **wenn** ich laufe.
Vi har ikke hørt noget fra Svend, siden han flyttede til Ribe.	Wir haben nichts von Svend gehört, **seit** er nach Ribe gezogen ist.
Preben plejer at se fjernsyn, mens han stryger.	Preben sieht gewöhnlich fern, **während** er bügelt.
Ringer du, før du tager af sted?	Rufst du an, **bevor** du losfährst?
Husk at slukke for komfuret, inden du går.	Denk daran, den Herd auszumachen, **bevor** du gehst.
Efter at han havde købt ind, lavede han mad.	**Nachdem** er eingekauft hatte, machte er Essen.
Veninderne ventede, til hun blev færdig med lektierne.	Die Freundinnen warteten, **bis** sie mit den Hausaufgaben fertig wurde.

Kausale Konjunktionen

Kausale Konjunktionen haben eine **begründende Funktion**:

Han kom ikke til tiden, fordi bussen var forsinket.	Er kam nicht pünktlich, **weil** der Bus Verspätung hatte.
Vi sender en rykker, da vi ikke har modtaget deres indbetaling.	Wir senden Ihnen eine Mahnung, **da** wir keinen Zahlungseingang erhalten haben.
Jeg har forresten købt ind, eftersom du havde glemt det.	Ich habe übrigens eingekauft, **da** du es vergessen hattest.

Konditionale Konjunktionen

Mit konditionalen Konjunktionen werden **Bedingungen** formuliert:

I morgen cykler jeg på arbejde, hvis solen skinner.	Morgen fahre ich mit dem Fahrrad zur Arbeit, **falls** die Sonne scheint.
Vi kan ikke leje sommerhuset, medmindre vi tager på ferie ugen efter.	Wir können das Ferienhaus nicht mieten, **es sei denn** wir fahren eine Woche später in den Urlaub.
Såfremt De ikke betaler, går jeg til en advokat.	**Sofern** Sie nicht bezahlen, wende ich mich an einen Anwalt.

Konzessive Konjunktionen

Konzessive Konjunktionen führen **Einschränkungen** ein:

Hun sagde ikke noget, selvom hun ikke var indforstået.	Sie sagte nichts, **obwohl** sie nicht einverstanden war.
Skønt hun ikke var særlig flittig, fik hun kun gode karakter.	**Obwohl** sie nicht besonders fleißig war, bekam sie nur gute Noten.
Den ene af søstrene er lyshåret, hvorimod den anden er mørkhåret.	Die eine der Schwestern ist blond, die andere dunkelhaarig (wörtlich: **wohingegen** die andere dunkelhaarig ist).

Finale Konjunktionen

Finale Konjunktionen leiten Nebensätze ein, die den **Zweck** angeben:

Vi skal være forsigtige, for at ingen lægger mærke til det.	Wir müssen vorsichtig sein, **damit** niemand etwas bemerkt.
Drik en varm kop te, så du ikke bliver forkølet.	Trink eine Tasse heißen Tee, **damit** du dich nicht erkältest.

Konsekutive Konjunktionen

Nebensätze mit konsekutiven Konjunktionen geben **Folgen** an:

Hun talte så lavt, at næsten ingen kunne høre det.	Sie sprach **so** leise, **dass** fast niemand es hören konnte.
Jeg kommer forbi i aften, så vi får tid til at snakke om det.	Ich komme heute Abend vorbei, **so dass** wir Zeit haben darüber zu sprechen.

Komparative Konjunktionen

Komparative Nebensätze haben eine **vergleichende Funktion**:

Bogen var lige så interessant, som jeg havde forventet.	Das Buch war **genauso** interessant, **wie** ich es erwartet hatte.
Hun ser ud, som om hun lige var stået op.	Sie sieht aus, **als wenn** sie gerade aufgestanden wäre.
Der var mere at lave, end de havde troet.	Es gab mehr zu tun, **als** sie gedacht hatten.

In Sätzen mit *kunne* (können) und *ville* (wollen) kann *som* ausgelassen werden:

Ring så tit, (som) du vil.	Ruf an, so oft (**wie**) du willst.
Spis så meget, (som) du kan.	Iss so viel(, **wie**) du kannst.

Die Präpositionen

Präpositionen (auch „Verhältniswörter“ genannt) dienen dazu, zwei Wörter oder Wortgruppen zueinander in Beziehung zu setzen. Sie sind unveränderbar und werden im Dänischen und im Deutschen teilweise unterschiedlich gebraucht.

1. Was ist eine **Präposition**?
2. Welche **Beziehungen** drücken Präpositionen aus?
3. Welche Präpositionen haben eine **eindeutige Entsprechung im Deutschen**?
4. Welche Präpositionen werden **unterschiedlich gebraucht**?
5. Wie werden die **adverbialen Bestimmungen der Zeit** gebildet und gebraucht?

Was ist eine Präposition?

Präpositionen stehen in der Regel zusammen mit anderen Wörtern, Satzgliedern oder Sätzen und bilden sogenannte Präpositionalphrasen.

Präposition + Substantiv

Zusammen mit Substantiven bilden Präpositionen oft adverbiale Bestimmungen. Das Substantiv steht in der Regel in der bestimmten Form:

De kommer tidligt hjem fra børnehaven.	Sie kommen früh aus **dem Kindergarten** nach Hause.

Präposition + Pronomen

Wie im Deutschen stehen die Pronomen nach Präpositionen immer als Objekte:

Hun snakkede længe med ham.	Sie sprach lange **mit ihm**.

Präposition + Infinitiv

Hun tænker over at droppe sit studium.	Sie denkt **darüber nach**, ihr Studium **aufzugeben**.

Präposition + Nebensatz

Det ender med, at I kommer for sent.	Das endet **damit, dass ihr zu spät kommt.**
Jeg er ikke sikker på, hvad hun vil sige til det.	Ich bin mir nicht sicher, **was sie dazu sagen wird.**

Gebrauch von Präpositionen

Adverbiale Präpositionalphrasen

Adverbiale Präpositionalphrasen können temporale, lokale, modale und kausale Beziehungen ausdrücken:

Temporale (zeitliche) Beziehungen

Vi snakkes ved i morgen.	Wir sprechen uns **morgen.**

Lokale (örtliche) Beziehungen

Vi mødes foran biblioteket.	Wir treffen uns **vor der Bibliothek.**

Modale Beziehungen (der Art und Weise)

Hun plejer at betale med kort.	Sie bezahlt normalerweise **mit Karte.**

Kausale (begründende) Beziehungen

Han græd af glæde.	Er weinte **vor Freude.**

Ergänzungen

Präpositionen können eine Substantiv-, Adjektiv- oder Verbergänzung einführen:

kampen for friheden	**der Kampf um** die Freiheit
Hun er glad for hjælpen.	Sie ist **froh über** die Hilfe.
Bogen handler om Danmarks historie.	Das Buch **handelt von** der Geschichte Dänemarks.

In diesen Fällen bestimmt das jeweilige Substantiv, Adjektiv bzw. Verb, welche Präposition verwendet wird. Es empfiehlt sich, die passenden Präpositionen immer mit den Substantiven, Adjektiven und Verben zusammen zu lernen:

have tid til noget	**für** etwas **Zeit** haben
være interesseret i noget	**an** etwas **interessiert** sein
interessere sig for noget	sich **für** etwas **interessieren**
glæde sig til noget	sich **auf** etwas **freuen**

Präpositionen mit eindeutiger Entsprechung im Deutschen

Die folgenden Präpositionen sind leicht zu übersetzen, da sie meist einer einzigen deutschen Präposition entsprechen.

Ortspräpositionen

lige ud ad Parkgade	geradeaus die Parkstraße **entlang**
bag(ved) huset	**hinter** dem Haus
foran huset	**vor** dem Haus
gennem parken	**durch** den Park
hos bageren	**beim** Bäcker
langs floden	den Fluss **entlang**
mellem kirken og supermarkedet	**zwischen** der Kirche und dem Supermarkt

mod et træt	**gegen** einen Baum
om hjørnet	**um** die Ecke
over broen	**über** die Brücke
over for rådhuset	**gegenüber** vom Rathaus
under dynen	**unter** der Decke
ved siden af biografen	**neben** dem Kino
ved Vesterhavet	**an** der Nordsee

Zeitpräpositionen

efter klokken tre	**nach** drei Uhr
fra den første januar	**vom** ersten Januar
i 2010	**(in)** 2010
mellem mandag og onsdag	**zwischen** Montag und Mittwoch
Hun lærte tysk på 6 måneder.	Sie lernte **in** 6 Monaten Deutsch.
siden 1999	**seit** 1999
til klokken fire	**bis** um vier Uhr
under anden verdenskrig	**während** des zweiten Weltkrieges
ved 7-tiden	**zirka um** sieben Uhr

Modale und kausale Präpositionen

med bussen	**mit** dem Bus
med godt humør	**mit** guter Laune
på en anden måde	**auf** eine andere Weise
på dansk	**auf** Dänisch
på grund af krigen	**wegen** des Krieges
ved at trykke på knappen	**durch** das Drücken des Knopfes
ved hjælp af et lån	**mit Hilfe** eines Kredits
uden løg	**ohne** Zwiebeln

Präpositionen ohne eindeutige Entsprechung im Deutschen

Einige dänische Präpositionen haben im Deutschen mehrere Entsprechungen:

af guld	**aus** Gold
af mig	**von** mir

Verschiedene dänische Präpositionen haben im Deutschen die gleiche Übersetzung:

på restaurant	**im / ins** Restaurant
i biografen	**im / ins** Kino

Gebrauch von *af* und *fra*

Die Präposition *af*
Die Präposition *af* wird in den folgenden Fällen verwendet:

- Zur Einführung des Urhebers in Passivsätzen:

Børnene bliver hentet af deres far.	Die Kinder werden **von** ihrem Vater abgeholt.

- Für Richtungsangaben:

Drengen kom frem af sit skjul.	Der Junge kam **aus** seinem Versteck hervor.
Han løb ud af haven.	Er lief **aus** dem Garten heraus.

- Für Materialangaben:

Blusen er af bomuld.	Die Bluse ist **aus** Baumwolle.

- Zur Angabe von Gründen:

Hun græder af smerte.	Sie weint **vor** Schmerzen.
Katten døde af kræft.	Die Katze starb **an** Krebs.

► Zur Angabe von Personen als Quelle:

Du kan nok låne bilen af min mor.	Du kannst dir sicher das Auto **von** meiner Mutter (aus)leihen.
Jeg har fået en gave af min bror.	Ich habe ein Geschenk **von** meinem Bruder bekommen.

Die Präposition *fra*

Die Präposition *fra* wird in den folgenden Fällen verwendet:

► Als Antwort auf die Frage „woher?" und bei Entfernungsangaben:

Han kommer fra Italien.	Er kommt **aus** Italien.
Hvornår kommer du fra arbejde?	Wann kommst du **von** der Arbeit?
Vi bor ti minutter fra stationen.	Wir wohnen zehn Minuten **vom** Bahnhof **entfernt**.

► Zur Angabe von Personen als Quelle:

Jeg skal hilse dig fra Morten.	Ich soll dich **von** Morten grüßen.
Jeg fik et brev fra ham i går.	Ich bekam gestern einen Brief **von** ihm.
Er den gave fra dig?	Ist dieses Geschenk **von** dir?

Gebrauch von *for* und *til*

Die Präposition *for*

Die Präposition *for* wird in den folgenden Fällen verwendet:

► Bei Ortsangaben:

De har hvide gardiner for vinduerne.	Sie haben weiße Gardinen **vor** den Fenstern.
Landsbyen ligger nord for København.	Das Dorf liegt nördlich **von** Kopenhagen.

► Bei Zeitangaben:

et dobbeltværelse for to nætter	ein Doppelzimmer **für** zwei Nächte
for tiden	**zur** Zeit
for første gang	**zum** ersten Mal

► Zur Angabe von Nutznießern:

en film for børn	ein Film **für** Kinder
Det var nyt for ham.	Das war neu **für** ihn.
Det er til nytte for dig.	Das ist zu deinem Nutzen.
Læreren forklarede det for eleverne.	Der Lehrer erklärte es den Schülern.
Vil du godt købe ind for mig?	Würdest du bitte **für** mich einkaufen?

► In der Bedeutung „für“:

Han købte en jakke for 630 kr.	Er kaufte eine Jacke **für** 630 Kr.
Hun spiser for to.	Sie isst **für** zwei.
Hun takkede for hjælpen.	Sie dankte **für** die Hilfe.

Die Präposition *til*

Die Präposition *til* wird in den folgenden Fällen verwendet:

► Bei Richtungsangaben (wohin?):

Vi rejser til Irland i morgen.	Wir reisen morgen **nach** Irland.
Så skal du hen til hjørnet.	Dann musst du **bis** zur Ecke gehen.
Drej til venstre.	Bieg **nach** links ab.

► Bei Institutionen und Orten:

Vi skal til fest i aften.	Wir gehen heute Abend **auf** eine Party.
Vil du med til koncert?	Möchtest du mit **ins** Konzert gehen?
Han var til fødselsdag.	Er war **auf** einem Geburtstag.
Om onsdagen går hun til dansk.	Mittwochs geht sie **in** den Dänischkurs.

► Zur Einführung von Objekten:

Han købte en gave til hende.	Er hat ein Geschenk **für** sie gekauft.
Moren købte et par bukser til sin søn.	Die Mutter hat eine Hose **für** ihren Sohn gekauft.
Hun skrev en email til mig.	Sie hat mir eine E-Mail geschrieben.
Hvad sagde han til jer?	Was hat er **zu** euch gesagt?

► Bei Preisangaben:

en bil til 100.000 kroner	ein Auto **zu** 100.000 Kronen
til en pris af 50 kroner	**zu** einem Preis von 50 Kronen

► Bei Angabe des Zwecks:

en gave til min datter	ein Geschenk **für** meine Tochter
et sommerhus til 8 personer	ein Ferienhaus **für** 8 Personen
et tæppe til stuen	ein Teppich **für** das Wohnzimmer

Gebrauch von *i* und *på*

Die Präposition *i*

Die Präposition *i* wird in den folgenden Fällen verwendet:

► Zur Angabe von Städten, Ländern, Straßen und Wohnformen:

Han bor i Skagen.	Er wohnt **in** Skagen.
Hun har aldrig været i Kina.	Sie ist noch nie **in** China gewesen.
Han bor i Storegade.	Er wohnt **in** der Storestraße.
De bor i sommerhus.	Sie wohnen **im** Ferienhaus.

► Bei Innenräumen von Dingen:

Nøglerne er i min taske.	Die Schlüssel sind **in** meiner Tasche.
De sidder inde i stuen.	Sie sitzen drinnen **im** Wohnzimmer.

► Bei Institutionen und Orten:

Han er i skole.	Er ist **in** der Schule.
Jeg skal i byen.	Ich gehe **in** die Stadt.
Han arbejder i banken.	Er arbeitet **in** der Bank.
Skal vi i biografen?	Wollen wir **ins** Kino gehen?

► Bei Zeitangaben:

i begyndelsen af året	**am** Anfang des Jahres
den tienende i første	am zehnten ersten
tre gange i timen	dreimal **pro** Stunde
ti minutter i tolv	zehn Minuten **vor** zwölf

Die Präposition *på*

Die Präposition *på* wird in den folgenden Fällen verwendet:

► Zur Angabe von Inseln, Straßennamen und Wohnformen:

Hun bor på Bornholm.	Er wohnt **auf** Bornholm.
Teatret er på Parkvej.	Das Theater ist **im** Parkweg.
De bor på hotel.	Sie wohnen **im** Hotel.

► Bei Institutionen und Orten:

Han er på biblioteket.	Er ist **in** der Bibliothek.
Hun læser på universitet.	Sie studiert **an** der Universität.
Han arbejder på posthuset.	Er arbeitet **bei** der Post.
Vi skal på værtshus.	Wir gehen **in** die Kneipe.
Han er på arbejde.	Er ist **in** der Arbeit.
Skal vi ikke på restaurant i aften?	Wollen wir heute Abend nicht **ins** Restaurant gehen?

► Bei Ortsangaben auf Oberflächen:

Koppen står på bordet.	Die Tasse steht **auf** dem Tisch.
Bogen ligger på hylden.	Das Buch liegt **auf** dem Bord.
Billedet hænger på væggen.	Das Bild hängt **an** der Wand.

► Bei Maßangaben:

et barn på fem år	ein Kind **von** 5 Jahren
en lejlighed på 5 værelser	eine Wohnung **mit** 5 Zimmern

Adverbiale Bestimmungen der Zeit

Für die adverbialen Bestimmungen der Zeit werden unterschiedliche Präpositionen verwendet.

Generelle Zeitangaben

Generelle Zeitangaben werden mit der Präposition *om* und der bestimmten Form des jeweiligen Substantivs gebildet:

Tageszeit

Han står altid tidligt op om morgenen.	Er steht **morgens** immer früh auf.
Om aftenen plejer de at spise sammen.	**Abends** essen sie für gewöhnlich zusammen.

Wochentage

Hun går altid til fodbold om mandagen.	**Montags** geht sie immer zum Fußball.
Om lørdagen køber familen ind.	**Samstags** kauft die Familie ein.

Ausnahme: *i weekenden* (am Wochenende)

Zeitpläne / Tagesprogramme

Die Präposition *om* zusammen mit der bestimmten Form der Substantive steht auch bei Zeitplänen und Tagesprogrammen:

Zukunft

Hvad skal du lave i morgen? – Om eftermiddagen skal jeg læse og om aftenen skal jeg se mine venner.	Was machst du morgen? – **Nachmittags** werde ich lesen und **abends** treffe ich meine Freunde.

Vergangenheit

Hvad lavede du i går? – Om morgenen vaskede jeg op og om eftermiddagen købte jeg ind.	Was hast du gestern gemacht? – **Morgens** habe ich abgewaschen und **nachmittags** habe ich eingekauft.

Zukunft

Wochentage

Zusammen mit Wochentagen steht die Präposition *på*:

Vi ses på fredag.	Bis **Freitag**.
Jeg ringer på søndag.	Ich rufe **Sonntag** an.

Ausnahme: *i weekenden* (am Wochenende)

Stehen die Wochentage zusammen mit anderen Zeitangaben, werden keine Präpositionen verwendet:

Hun skal til læge mandag eftermiddag.	Sie muss Montagnachmittag zum Arzt.

Andere Zeitangaben

Mit den meisten anderen Zeitangaben steht die Präposition *i*:

Har du tid i aften?	Hast du **heute Abend** Zeit?
Hvad med i overmorgen?	Wie wäre es mit **übermorgen**?
Vi mødes i morgen formiddag.	Wir treffen uns **morgen Vormittag**.

Jahreszeiten / Monate

In Verbindung mit Jahreszeiten und Monaten wird die Präposition *til* verwendet:

Til sommer skal vi flytte.	**Im Sommer** werden wir umziehen.
Til september begynder hun at læse.	**Im September** fängt sie an zu studieren.

Zeitpunkte in der Zukunft

Zeitpunkte in der Zukunft werden mit der Präposition *om* formuliert:

Han tager på ferie om to uger.	Er fährt **in zwei Wochen** in den Urlaub.
Vores møde er om tre dage.	Unsere Sitzung ist **in drei Tagen**.

Vergangenheit

Wochentage

In der Vergangenheit stehen Wochentage mit der Präposition *i*. Außerdem wird an die Wochentage die Endung *-s* angefügt:

Jeg var i teatret i torsdags.	Ich war **letzten Donnerstag** im Theater.
I fredags fløj hun til Island.	**Letzten Freitag** flog sie nach Island.

Ausnahme: *i weekenden* (letztes Wochenende)

Stehen die Wochentage zusammen mit anderen Zeitangaben, werden keine Präpositionen verwendet:

Hun var til læge mandag eftermiddag.	Sie war Montagnachmittag beim Arzt.

Andere Zeitangaben

Auch andere Zeitangaben stehen in der Regel mit der Präposition *i* und der Endung *-s:*

Hun besøgte os i aftes.	Sie besuchte uns **gestern Abend**.
I forgårs blev hun syg.	**Vorgestern** wurde sie krank.

In Ausnahmefällen entfällt die Endung *-s*, zum Beispiel:

Han lappede sin cykel i går.	Er flickte **gestern** sein Fahrrad.
Hun sov dårligt i nat.	Sie schlief **letzte Nacht** schlecht.

Zeitpunkte in der Vergangenheit

Zeitpunkte in der Vergangenheit werden mit der Präposition *for ... siden* formuliert:

Hun holdt op med at ryge for ni måneder siden.	Sie hörte **vor neun Monaten** mit dem Rauchen auf.
De sendte kontrakten for en uge siden.	Sie sendeten den Vertrag **vor einer Woche**.

Jahreszeiten

Zusammen mit Jahreszeiten steht *sidste*:

Sidste sommer var vi i Frankrig.	**Letzten Sommer** waren wir in Frankreich.

Zeiträume

Zeiträume stehen anders als im Deutschen immer mit der Präposition *i*:

Zeiträume in der Zukunft

Vi rejser til Norge i tre uger.	Wir reisen **für drei Wochen** nach Norwegen.

Andauernde Zeiträume

Han har været syg i tre uger.	Er ist **seit drei Wochen** krank.

Zeiträume in der Vergangenheit

Han var syg i tre uger.	Er war **drei Wochen** krank.

Zahlen und Zeitangaben

1. Welche **Kategorien von Zahlen** gibt es?
2. Wie werden die **Grundzahlen** und die **Ordnungszahlen** gebraucht?
3. Wie werden **Uhrzeiten** und **Daten** angegeben?

Die Zahlen

Man unterscheidet Grund-, Ordnungs-, Bruch-, Vervielfältigungs- und Wiederholungszahlen.

Die Grundzahlen

Die Grundzahlen von 0 bis 19

0	nul	10	ti
1	en / et	11	elleve
2	to	12	tolv
3	tre	13	tretten
4	fire	14	fjorten
5	fem	15	femten
6	seks	16	seksten
7	syv	17	sytten
8	otte	18	atten
9	ni	19	nitten

Um die Zahlwörter *én* / *ét* von den unbestimmten Artikeln (*en*, *et*) zu unterscheiden, können sie mit Akzent geschrieben werden.

Én (eins) wird flektiert:

Utrum	Jeg tager kun én kop.	Ich nehme nur eine Tasse.
Neutrum	Jeg tager kun ét stykke.	Ich nehme nur ein Stück.
bestimmt	det ene barn	das eine Kind

Die Grundzahlen von 20-99

Die Zahlen werden in derselben Reihenfolge wie im Deutschen gesprochen. Geschrieben werden die Zahlen unter Hundert in einem Wort:

20	tyve	30	tredive	40	fyrre	50	halvtreds
21	enogtyve	31	enogtredive	41	enogfyrre	51	enoghalvtreds
22	toogtyve	32	toogtredive	42	toogfyrre	52	tooghalvtreds
23	treogtyve	33	treogtredive	43	treogfyrre	53	treoghalvtreds
...		...		...		...	
29	niogtyve	39	niogtredive	49	niogfyrre	59	nioghalvtreds
60	tres	70	halvfjerds	80	firs	90	halvfems
61	enogtres	71	enoghalvfjerds	81	enogfirs	91	enoghalvfems
62	toogtres	72	tooghalvfjerds	82	toogfirs	92	tooghalvfems
63	treogtres	73	treoghalvfjerds	83	treogfirs	93	treoghalvfems
...		...		...		...	
69	niogtres	79	nioghalvfjerds	89	niogfirs	99	nioghalvfems

Im **Bankwesen** und im **Zahlungsverkehr** sind alternativ folgende Grundzahlen gebräuchlich:

20	toti	30	treti	49	firtini	70	syvti
21	totien	35	tretifem	50	femti	80	otti
22	totito	40	firti	60	seksti	90	niti

Die Grundzahlen ab 100

Die Zahlen werden in derselben Reihenfolge wie im Deutschen gelesen:

100	(et) hundred(e)	999	ni hundred(e) (og) nioghalvfems
101	(et) hundred(e) (og) en / et	1000	(et) tusind(e)
122	(et) hundred(e) (og) toogtyve	2.300	to tusind(e) og tre hundrede
234	to hundred(e) (og) fireogtredive	1.000.000	en million
2.000.000	to millioner	2.000.000.000	to milliarder
1.000.000.000	en milliard	1.000.000.000.000	en billion

Die unterschiedlichen Schreibweisen von *hundred(e)* und *tusind(e)* gelten parallel.

Gebrauch der Grundzahlen

Gebrauch von *en* und *et*

► *En* beim Zählen und Rechnen:

1, 2, 3, …	**en**, to, tre, …
21, 31, …	**en**ogtyve, **en**ogtredive, …
101 …	hundrede og **en**
19 + 1 = 20	nitten plus **en** er tyve

► *Et* in folgenden Fällen:

Klokken er et.	Es ist eins.
værelse nummer et	Zimmer Nummer eins
nummer et	Nummer eins
linie et	Linie eins
side et hundrede og et	Seite einhundert und eins

Substantivierte Grundzahlen

► Für **Ziffern**:

ettal – ettallet – ettaller	eine Eins – die Eins – Einsen
syvtal – syvtallet – syvtaller	eine Sieben – die Sieben – Siebenen
Mine syvtaller ser ud som ettaller.	Meine Siebenen sehen aus wie Einsen.

► Für **Geldstücke, Buslinien, Spielkarten** etc.:

en femmer – femmeren – femmere	ein Fünfer – der Fünfer – Fünfer
en tier – tieren – tiere	ein Zehner – der Zehner – Zehner
Giv mig lige en femmer.	Gib mir mal einen Fünfer (5-Kronenstück).
Jeg tager femmeren.	Ich nehme den Fünfer (die Linie 5).

Die Ordnungszahlen

Ordnungszahlen geben den Rang in einer Rangfolge an:

1. første
2. anden
3. tredje
4. fjerde
5. femte
6. sjette
7. syvende
8. ottende
9. niende
10. tiende
11. ellevte
12. tolvte
13. trettende
14. fjortende
15. femtende
16. sekstende
17. syttende
18. attende
19. nittende
20. tyvende
21. enogtyvende
22. toogtyvende
23. treogtyvende
24. firogtyvende
25. femogtyvende
26. seksogtyvende

...

29. niogtyvende
30. tredivte
31. enogtredivte

Anden (2.) hat eine Form im Neutrum: *andet.*

Achtung:
Anden hat eine weitere Bedeutung: *en anden gang* (ein anderes Mal). Bei Gefahr von Missverständnissen gebrauchen Dänen alternative Ausdrucksweisen:

hans kone nummer 2	seine Frau Nummer 2
Hun har fået et barn til.	Sie hat noch ein Kind bekommen.

Die höheren Ordnungszahlen haben unterschiedliche Formen, die seit 1986 parallel gültig sind:

40.	fyrretyvende	fyrrende
50.	halvtredsindstyvende	halvtredsende
60.	tresindstyvende	tressende
70.	halvfjerdsindstyvende	halvfjersende
80.	firsindstyvende	firsende
90.	halvfemsindstyvende	halvfemsende
100.	hundrede	
101.	hundrede og første	

Statt der höheren Ordnungszahlen gebraucht man häufig alternative Ausdrucksweisen:

hans 50-års fødselsdag	sein 50. Geburtstag

Gebrauch der Ordnungszahlen

- Für die Angabe der **Reihenfolge** bei Königen, Päpsten etc.:

Christian IV	(gesprochen: Christian den Fjerde)
Pius XII	(gesprochen: Pius den Tolvte)

- Für die Angabe von **Häufigkeiten des Auftretens**:

hver fjortende dag	alle vierzehn Tage (wörtlich: jeder **vierzehnte** Tag)
hvert andet år	alle zwei Jahre (wörtlich: jedes **zweite** Jahr)

Die Bruchzahlen

Die meisten Brüche werden mit Hilfe der Ordnungszahlen und dem Substantiv *del* (Teil) gebildet.

$^1/_2$	en halv	ein halb
$^1/_3$	en tredje del	ein Drittel
$^2/_3$	to tredje dele	zwei Drittel
$^1/_4$	en fjerde del / en kvart	ein Viertel
$^2/_4$	to fjerde dele	zwei Viertel
$^1/_5$	en femte del	ein Fünftel
$^3/_5$	tre femte dele	drei Fünftel
$1\,^1/_2$	halvanden	eineinhalb/anderthalb

Halv (halb) wird flektiert: *en halv pære* (eine halbe Birne), *et halvt æble* (ein halber Apfel), *tre halve æbler* (drei halbe Äpfel).

Halvanden hat auch eine Neutrumform: *halvandet.*

Anders als im Deutschen steht das Substantiv nach Brüchen mit einem Teil im Singular:

to dage	zwei **Tage**
to en halv dag	zweieinhalb Tage
to minutter	zwei **Minuten**
to et halvt minut	zweieinhalb Minuten

Die Vervielfältigungszahlen

Vervielfältigungszahlen drücken das Vielfache einer Menge aus:

enkelt	einfach
dobbelt	doppelt
tredobbelt	dreifach
firedobbelt	vierfach

Die Wiederholungszahlen

Wiederholungszahlen geben die Häufigkeit an:

en gang	einmal
to gange	zweimal
tre gange	dreimal

Angabe der Uhrzeit

Offizielle Uhrzeitangabe

Die offizielle Uhrzeitangabe ist z. B. im Radio und bei Fahrplanauskünften gebräuchlich:

Toget går klokken 8.28. (gesprochen: klokken otte otteogtyve)	Der Zug geht um 8.28 Uhr. (gesprochen: um acht Uhr achtundzwanzig)
Toget går klokken 20.28. (gesprochen: klokken tyve otteogtyve)	Der Zug geht um 20.28 Uhr. (gesprochen: um zwanzig Uhr achtundzwanzig)
Klokken er 15.05. (gesprochen: femten nul fem)	Es ist 15.05 Uhr. (gesprochen: fünfzehn Uhr fünf)

Für die im Deutschen verwendete Präposition „um“ gibt es im Dänischen keine Entsprechung.

Anders als im Deutschen wird *klokken* sowohl im Schriftlichen als auch im Mündlichen vorangestellt: *Klokken 8.28 = klokken otte otteogtyve*.

Umgangssprachliche Uhrzeitangabe

Im alltäglichen Sprachgebrauch werden die Zahlen nur von 1 bis 12 gezählt. Um Uhrzeiten wie 8.00 und 20.00 zu unterscheiden, verwendet man die Zusätze: *om morgenen* (morgens), *om formiddagen* (vormittags), *om eftermiddagen* (nachmittags), *om aftenen* (abends), *om natten* (nachts).

	Hvad er klokken?	Wie spät ist es?
1.00	Klokken er et.	Es ist eins.
2.00	Klokken er to.	Es ist zwei.
2.05	Klokken er fem minutter over to.	Es ist fünf nach zwei.
2.15	Klokken er kvart over to.	Es ist Viertel nach zwei.
2.25	Klokken er fem minutter i halv tre.	Es ist fünf vor halb drei.
2.30	Den er halv tre.	Es ist halb drei.
2.35	Den er fem minutter over halv tre.	Es ist fünf nach halb drei.
2.40	Den er tyve minutter i tre.	Es ist zwanzig vor drei.
2.45	Den er kvart i tre.	Es ist Viertel vor drei.
2.55	Den er fem minutter i tre.	Es ist fünf vor drei.

Anders als im Deutschen ist es im Dänischen üblich, das Wort *minutter* (Minuten) zu verwenden.

Auch im mündlichen Sprachgebrauch fehlt die Entsprechung zur Präposition „um“:

Vi mødes klokken 10.00.	Wir treffen uns um 10.00 Uhr.

Angabe von Daten

Jahrhunderte und Jahrzehnte

Jahrhunderte können sowohl mit dem Suffix *-tal* als auch wie im Deutschen ausgedrückt werden:

1800-tallet / attenhundredetallet	das 19. Jahrhundert
det 19. århundrede / det nittende århundrede	das 19. Jahrhundert

Jahrzehnte werden mit Hilfe der Grundzahlen + *-er(ne)* dargestellt:

i 60erne / tresserne	in den 60er-Jahren
i 90erne / halvfemserne	in den 90er-Jahren
Hun er i halvtredserne.	Sie ist in den Fünfzigern.

Jahreszahlen

Jahreszahlen werden üblicherweise als Ziffern geschrieben und wie im Deutschen gesprochen, wobei das Wort *hundrede* (Hundert) auch ausgelassen werden kann.

1998	nitten(hundrede)otteoghalvfems
2009	to tusind(e) og ni

Die Dänen verwenden *tusind* (Tausend) lediglich für die Jahre 1000 – 1099, 2000 – 2099 etc.

Monate und Tage

Beim Datum können neben den Tagen auch die Monate als Ordnungszahlen wiedergegeben werden:

den 4. august (den fjerde august)	am 4. August
den 4. august (den fjerde i ottende)	am 4. August
Hun har fødselsdag den 17. marts. (den syttende marts)	Sie hat am 17. März Geburtstag.
Hun har fødselsdag den 17. marts. (den syttende i tredje)	Sie hat am 17. März Geburtstag.

Daten werden im Dänischen immer mit dem bestimmten Artikel *den* ausgedrückt. Für die im Deutschen verwendete Präposition „am“ gibt es im Dänischen keine Entsprechung.

Der Satz

Wie im Deutschen gibt es im Dänischen Haupt- und Nebensätze. Im Dänischen sind die meisten Kasusbeugungen verschwunden. So kann man z. B. nicht erkennen, ob ein Substantiv im Nominativ, Akkusativ oder Dativ steht. Um trotzdem entscheiden zu können, ob es sich bei Substantiven um Subjekt oder Objekt handelt, gibt es anders als im Deutschen eine feste Reihenfolge der Satzglieder in Haupt- und Nebensätzen.

1. Welche **Satzglieder** gibt es?
2. Wie ist die **Wortstellung in Hauptsätzen** und welche Hauptsätze gibt es?
3. Wie ist die **Wortstellung in Nebensätzen** und welche Nebensätze gibt es?
4. Wie ist die **Reihenfolge der Objekte** im Satz?
5. Wie ist die **Reihenfolge der Adverbien** im Satz?
6. Wie werden Satzglieder **hervorgehoben**?
7. Welche **Satzgefüge** gibt es?

Die Satzglieder

Das Subjekt

Das Subjekt (auch „Satzgegenstand“ genannt) antwortet auf die Frage „wer?“ oder „was?“. Das Subjekt ist in der Regel ein Substantiv oder ein Pronomen.

Bilen er blevet solgt.	**Das Auto** ist verkauft worden.
Hun er læge.	**Sie** ist Ärztin.

Das Prädikat

Das Prädikat (auch „Satzaussage“ genannt) bezeichnet Handlungen, Vorgänge und Zustände des Subjekts. Es besteht aus **einfachen** oder **zusammengesetzten Verbformen**:

Jeg ringer igen om lidt.	Ich **rufe** gleich wieder **an**.
Han kan ikke sejle.	Er **kann** nicht **segeln**.
Du skulle være kommet tidligere.	Du **hättest** früher **kommen sollen**.

Das Prädikat kann auch aus **Kopulativverben** wie beispielsweise *være* (sein) und *blive* (werden) und einer **Prädikatsergänzung** bestehen. Prädikatsergänzungen können sowohl Adjektive als auch Substantive sein:

Søren er vred.	Sören **ist wütend**.
Hun er tandlæge.	Sie **ist Zahnärztin**.
Børnene blev syge.	Die Kinder **wurden krank**.

Das Objekt

Das Objekt (auch „Satzergänzung" genannt) ist eine Ergänzung zu transitiven Verben (vgl. S. 71 f.). Objekte sind in der Regel Substantive oder Pronomen. Man unterscheidet direkte Objekte, indirekte Objekte und Präpositionsobjekte.

Direkte Objekte geben Antwort auf die Frage „wen?" oder „was?".

Hun køber en bog.	Sie kauft **ein Buch**.
Familien spiser aftensmad.	Die Familie isst **Abendbrot**.
De kunne ikke besøge ham.	Sie konnten **ihn** nicht besuchen.

Indirekte Objekte sind in der Regel Personen, nach denen man mit der Frage „wem?" fragt.

Hun giver sin søster en cd.	Sie schenkt **ihrer Schwester** eine CD.
Børnene viste ham deres tegninger.	Die Kinder zeigten **ihm** ihre Zeichnungen.

Bei der Ergänzung kann es sich auch um **Präpositionsobjekte** handeln.

De kunne altid stole på ham.	Sie konnten sich immer **auf ihn** verlassen.
Bedstefar elsker at fortælle om sin barndom.	Opa liebt es, **von seiner Kindheit** zu erzählen.

Die adverbiale Bestimmung

Adverbiale Bestimmungen (auch „Umstandsbestimmungen“ genannt) sind beispielsweise Angaben der Zeit, des Ortes und der Art und Weise:

De tog på ferie i går.	Sie fuhren **gestern** in den Urlaub.
Han er på arbejde.	Er ist **in der Arbeit**.
Han kører med bussen.	Er fährt **mit dem Bus**.

Der Hauptsatz

Hauptsätze haben anders als im Deutschen eine feste Reihenfolge der Satzglieder.

Das Hauptsatzschema

Das **Hauptsatzschema** sieht wie folgt aus:

Vorfeld	Zentralfeld			Schlussfeld		
1	v	s	a	V	S	A
I går	ville	jeg	egentlig	have hjulpet	ham med at flytte	til Ribe.
Gestern wollte ich ihm eigentlich geholfen haben, nach Ribe umzuziehen.						

Erläuterung der einzelnen Felder im Hauptsatzschema

Vorfeld

1 ► **Position 1**: Auf der Position 1 können verschiedene Satzglieder stehen. Meist steht hier das **Subjekt**. Sollen andere **Satzglieder**, wie beispielsweise adverbiale Bestimmungen, **hervorgehoben** werden, stehen diese auf Position 1, das Subjekt steht dann auf Position s (vgl. Inversion, S. 158 f.).

Zentralfeld

v ► **Position v**: An dieser Position steht der **finite Teil des Prädikats**, d. h. ein Verb in der gebeugten Form. Bei zusammengesetzten Verben steht hier z. B. das Hilfs- oder Modalverb.

s ► **Position s**: In diesem Feld steht das **Subjekt**, wenn es nicht bereits auf Position 1 steht. Außerdem können reflexive Pronomen und unbetonte pronominale Objekte (vgl. S. 156 f.) an dieser Position stehen.

a ► **Position a**: Dieser Platz ist **Satzadverbien**, wie beispielsweise *aldrig* (nie), *altid* (immer), *ikke* (nicht), *heller ikke* (auch nicht), *også* (auch), *tit* (oft) vorbehalten. Im Dänischen werden diese Adverbien wegen ihrer Position im Zentralfeld **Zentraladverbien** genannt (vgl. S. 117).

Schlussfeld

V ► **Position V**: An dieser Position stehen die **infiniten Prädikatsteile**, d. h. Verben im Infinitiv oder Partizipien.

S ► **Position S**: Hier stehen direkte, indirekte und präpositionale **Objekte** sowie Prädikatsergänzungen. Außerdem können reflexive Pronomen an dieser Position stehen.

A ► **Position A**: Auf dem letzten Platz stehen **Schlussadverbien** (vgl. S. 117) und die adverbialen Bestimmungen des Ortes, der Zeit bzw. der Art und Weise.

Hauptregeln des Hauptsatzschemas

Es sind selten alle Plätze im Satzschema belegt. Auch die Position 1 kann leer sein:

1	v	s	a	V	S	A
-	Ræk	mig	lige		kuglepennen!	

Reich mir mal den Kugelschreiber!

Auf den Positionen a, V, S, A können mehrere Satzglieder stehen:

1	v	s	a	V	S	A
Jeg	har		altid	haft	lyst til at cykle	gennem Irland om sommeren.

Ich habe schon immer **Lust** gehabt, einmal **im Sommer mit dem Fahrrad durch Irland zu fahren**.

1	v	s	a	V	S	A
Det	skulle		faktisk ikke	have været	så vanskeligt.	

Es hätte **eigentlich nicht** so schwierig **sein sollen**.

Hauptsatzarten

Aussagesätze

In Aussagesätzen steht in der Regel das Subjekt auf Platz 1, gefolgt vom finiten Teil des Prädikats:

1	v	s	a	V	S	A
Hun	hedder				Lone.	
Sie heißt Lone.						
Hun	læser		tit		en bog	om aftenen.
Sie liest abends oft ein Buch.						

Bei zusammengesetzten Verben steht das Zentraladverb zwischen dem finiten und dem infiniten Teil des Prädikats:

1	v	s	a	V	S	A
Sandra	har		aldrig	været		i København.
Sandra **ist nie** in Kopenhagen **gewesen**.						
Lene	skulle		ikke	være gået		til fest.
Lene **hätte nicht** auf die Party **gehen sollen**.						

Entscheidungsfragen

Entscheidungsfragen können mit *ja* (ja), *jo* (doch) und *nej* (nein) beantwortet werden. Bei Entscheidungsfragen ist der Platz 1 nicht besetzt. Die Frage beginnt wie im Deutschen mit dem finiten Teil des Prädikats:

1	v	s	a	V	S	A
	Skal	vi	ikke	tage		til Ribe i weekenden?
Sollen wir am Wochenende nicht nach Ribe fahren?						
	Besøger	du			vores bedstemor	i morgen?
Besuchst du morgen unsere Großmutter?						

Ergänzungsfragen
Ergänzungsfragen enthalten ein Fragewort, das auf Position 1 steht:

1	v	s	a	V	S	A
Hvad	hedder	du?				
Wie heißt du?						
Hvor længe	har	du		boet		her nu?
Wie lange wohnst du schon hier?						

Aufforderungen
In Aufforderungen ist Platz 1 nicht belegt. Der Aufforderungssatz beginnt wie im Deutschen mit dem finiten Teil des Prädikats:

1	v	s	a	V	S	A
	Kom					forbi!
Komm vorbei!						
	Læg				brevene	på bordet!
Legen Sie die Briefe auf den Tisch!						

Der Nebensatz

Genau wie in Hauptsätzen gibt es eine feste Reihenfolge der Satzglieder in Nebensätzen.

Das Nebensatzschema

Das **Nebensatzschema** sieht wie folgt aus:

Verbindungsfeld	Zentralfeld			Schlussfeld		
k	s	a	v	V	S	A
, om	du	ikke	kunne	ringe	til ham	i eftermiddag.
, ob du ihn nicht heute Nachmittag anrufen könntest.						

Erläuterung der Felder im Nebensatzschema

Verbindungsfeld
k ► Position k: Auf dieser Position stehen die Nebensatzkonjunktionen.

Zur Erläuterung der Positionen im Zentral- und Schlussfeld vgl. Hauptsatzschema S. 150 f.

Hauptunterschiede zum Hauptsatzschema
Es gibt **kein Vorfeld** mit der Möglichkeit, andere Satzteile hervorzuheben. Stattdessen gibt es ein **Verbindungsfeld** für Nebensatzkonjunktionen. Diese Position ist fast immer besetzt.

k	s	a	v	V	S	A
, fordi	han	ikke	havde		tid.	
, **weil** er keine Zeit hatte.						
, (at)	de	også	vil	komme		i morgen.
, **dass** sie auch morgen kommen wollen.						

Die **Zentraladverbien** stehen immer vor dem finiten und infiniten Teil des Prädikats:

k	s	a	v	V	S	A
, selvom	hun	aldrig	har	været		i København.
, obwohl sie **nie** in Kopenhagen **gewesen ist**.						

Unbetonte Pronomen als Objekte rutschen nicht nach vorn auf die Position s, sondern stehen immer auf der Position S:

k	s	a	v	V	S	A
, at	hun	tit	møder		ham.	
, dass sie **ihn** oft trifft.						

Nebensatzarten nach ihrer Einleitung

Nebensätze mit Konjunktionen

Nebensätze sind oft durch Konjunktionen mit Hauptsätzen verbunden:

k	s	a	v	V	S	A
, fordi	jeg	ikke	kunne	nå	det.	
, **weil** ich es nicht schaffen konnte.						
, at	han	aldrig	drikker		te	om morgenen.
, **dass** er morgens nie Tee trinkt.						

Relativsätze

In Relativsätzen fungiert das Relativpronomen als Konjunktion und als Satzglied. Das **Relativpronomen** kann gleichzeitig **als Subjekt** stehen. Die Position s entfällt in diesen Fällen:

k und s	a	v	V	S	A
, der	altid	har	hjulpet	os.	
, **der** uns immer geholfen hat.					

Das **Relativpronomen** kann gleichzeitig **als Objekt** stehen. In diesem Fall können noch weitere Objekte auf der Position S stehen:

k und s	s	a	v	V	S	A
, (som)	du	kun	har	kendt		i to måneder.
, **den** du erst seit zwei Monaten kennst.						
, (som)	vi	altid	har	lejet	med vores venner.	
, **das** wir immer mit unseren Freunden gemietet haben.						

Indirekte Fragen

In indirekten Fragen (vgl. S. 61) stehen Fragewörter auf der Position k:

k	s	a	v	V	S	A
, hvornår	du	helst	vil	komme		lørdag aften.
, **wann** du Samstagabend am liebsten kommen möchtest.						

Reihenfolge der Objekte

Direkte Objekte

Das direkte Objekt steht in der Regel nach dem infiniten Teil des Prädikats auf Position S:

1	v	s	a	V	S	A
Vi	cykler		tit		en tur	i weekenden.
Wir machen oft **eine Radtour** am Wochenende.						
I Danmark	har	han	ofte	drukket	aftenkaffe	om aftenen.
In Dänemark hat er abends oft **Abendkaffee** getrunken.						

Wenn das direkte Objekt ein **unbetontes Pronomen** ist, steht es in Sätzen mit zusammengesetzten Zeiten nach dem infiniten Teil des Prädikats auf Position S. Bei einfachen Zeiten hingegen steht es ausnahmsweise vor den satzmodifizierenden Adverbien auf Position s:

1	v	s	a	V	S	A
Jeg	har		tit	mødt	ham.	
Ich habe **ihn** oft getroffen.						
Jeg	møder	ham	tit.			
Ich treffe **ihn** oft.						

Indirekte Objekte

Indirekte Objekte stehen in der Regel direkt vor den direkten Objekten:

1	v	s	a	V	S	A
De	vil		ikke	give	deres kollega en buket blomster.	
Sie möchten **ihrer Kollegin** nicht einen Strauß Blumen schenken.						

Ist das indirekte Objekt ein **unbetontes Pronomen**, steht es zusammen mit einfachen Zeiten auf Position s:

1	v	s	a	V	S	A
De	giver	hende	altid		en buket blomster.	
Sie schenken **ihr** immer einen Strauß Blumen.						

Reihenfolge der Adverbien

Schlussadverbien

Ortsadverbien und Adverbien, die ein Verb beschreiben, stehen nach Prädikat und Objekt:

1	v	s	a	V	S	A
Han	løb					ind i huset.
Er lief **rein ins Haus**.						
Jeg	har			parkeret	bilen	henne på hjørnet.
Ich habe das Auto **an der Ecke** geparkt.						
Børnene	har		altid	sunget		smukt.
Die Kinder haben immer **schön** gesungen.						

Wie im Deutschen stehen Ortsadverbien nach den Adverbien, die ein Verb beschreiben:

1	v	s	a	V	S	A
Hun	er			gået		hurtigt ud af huset.
Sie ist **schnell aus dem Haus** gegangen.						

Adverbiale Bestimmungen

Adverbiale Bestimmungen des Ortes und der Zeit stehen in der Regel am Ende des Satzes:

1	v	s	a	V	S	A
De	kan		godt	lide	at sejle	på Vesterhavet.
Sie segeln gern **auf der Nordsee**.						
Familen	har		allerede	boet		her i byen i mange år.
Die Familie wohnt schon **viele Jahre hier in der Stadt**.						

Anders als im Deutschen stehen die adverbialen Bestimmungen des Ortes vor denen der Zeit:

1	v	s	a	V	S	A
De	var					i Grønland for et år siden.
Sie waren **vor einem Jahr in Grönland**.						
	Skal	vi	ikke	gå		i biografen i aften?
Wollen wir (nicht) **heute Abend ins Kino** gehen?						

Hervorhebung von Satzgliedern

In der gesprochenen Sprache können Satzglieder durch Betonung hervorgehoben werden. Im schriftlichen Sprachgebrauch gibt es die Möglichkeiten der Inversion und der Satzspaltung.

Inversion

Möchte man Satzglieder betonen, kann man diese wie im Deutschen an den Satzanfang stellen. Das Subjekt rutscht dann vom ersten Platz auf die Position s:

1	v	s	a	V	S	A
Fisk	spiser	jeg	aldrig.			
Fisch esse **ich** nie.						
I går	var	hun			med sin søster	til koncert.
Gestern war **sie** mit ihrer Schwester auf einem Konzert.						

An der ersten Position können adverbiale Bestimmungen, Objekte und auch einige Zentraladverbien stehen:

1	v	s	a	V	S	A
I morgen	vil	de	måske	købe	en ny bil.	
Morgen wollen sie vielleicht ein neues Auto kaufen.						
Måske	vil	de		købe	en ny bil	i morgen.
Vielleicht wollen sie morgen ein neues Auto kaufen.						
Den mand	har	de		mødt		før.
Den Mann haben sie vorher schon mal getroffen.						

Auch adverbiale Nebensätze können auf Position 1 stehen, wenn sie betont werden sollen:

1	v	s	a	V	S	A
Da jeg var ung,	boede	vi				ved Vesterhavet.
Als ich jung war, wohnten wir an der Nordsee.						
Når jeg er færdig med eksamen,	tager	jeg				på ferie.
Wenn ich mit dem Examen fertig bin, fahre ich in den Urlaub.						
Hvis solen skinner,	tager	vi				til stranden.
Falls die Sonne scheint, gehen wir an den Strand.						

Satzspaltung

Bei der Satzspaltung steht das hervorzuhebende Satzglied als Prädikat in einem zusätzlichen Satz mit der Konstruktion *Det er* ... / *Det var* ... (Das ist ... / Das war ...) am Satzanfang.

Mit der Satzspaltung können Subjekte, Objekte und adverbiale Bestimmungen hervorgehoben werden:

De bor i Irland.	**Sie** wohnen in Irland.
Det er dem, der bor i Irland.	**Das sind die, die** in Irland wohnen.
Jeg havde brug for to kopier.	Ich benötigte **zwei Kopien.**
Det var to kopier, (som) jeg havde brug for.	**Es waren zwei Kopien, die** ich benötigte.
I morgen besøger vi mine forældre.	**Morgen** besuchen wir meine Eltern.
Det er i morgen, (at) vi besøger mine forældre.	**Es ist morgen, dass** wir meine Eltern besuchen.

Im dänischen Sprachgebrauch ist die Satzspaltung besonders in Fragen sehr gebräuchlich:

Har Mette lavet mad?	Hat **Mette** Essen gemacht?
Er det Mette, der har lavet mad?	**Ist es Mette, die** Essen gemacht hat?
Kunne hun ikke tåle nødder?	Konnte sie keine **Nüsse** vertragen?
Var det nødder, (som) hun ikke kunne tåle?	**Waren es Nüsse, die** sie nicht vertrug?
Var du til fest i går?	Warst du **gestern** auf dem Fest?
Var det i går, (at) du var til fest?	**War es gestern, dass** du auf dem Fest warst?

Im Gegensatz zum Deutschen verwendet man bei der Satzspaltung immer die Objektform von Pronomen.

Der var mig, der kom for sent.	Das war **ich**, die zu spät kam.
Var det dig, der ringede i går?	Warst **du** es, die gestern anrief?

Das Satzgefüge

Das Satzgefüge besteht aus mehreren Hauptsätzen oder aus Haupt- und Nebensätzen.

Zwei Hauptsätze

Zwei Hauptsätze werden durch Konjunktionen miteinander verbunden (vgl. S. 122):

Hun var træt. Hun ville hjem.	Sie war müde. Sie wollte nach Hause.
Hun var træt, og hun ville hjem.	Sie war müde **und** (sie) wollte nach Hause.
Vi cykler. Vi går til fods.	Wir fahren Fahrrad. Wir gehen zu Fuß.
Vi cykler, eller vi går.	Wir fahren Fahrrad **oder** wir gehen zu Fuß.

Im Dänischen steht ein Komma zwischen Hauptsätzen, die mit Konjunktionen verbunden werden.

Haupt- und Nebensatz

Ein Nebensatz kann nie allein stehen. Er steht immer zusammen mit einem Hauptsatz und ersetzt ein Satzglied in diesem.

Nebensätze können **Objekte** des Hauptsatzes ersetzen:

Hun sagde, at hun ikke kommer i morgen.	Sie sagte, **dass sie morgen nicht kommt.**
Jeg aner ikke, hvad det betyder.	Ich habe keine Ahnung, **was das bedeutet.**

Nebensätze können **adverbiale Bestimmungen** ersetzen:

Jeg besøger dig, når jeg er færdig.	Ich besuche dich, **wenn ich fertig bin.**
Jeg ringede ikke, fordi jeg havde travlt.	Ich habe nicht angerufen, **weil ich viel zu tun hatte.**

Nebensätze können auch **Satzglieder in Nebensätzen** ersetzen:

Lene har spurgt, om vi også kommer, hvis vejret bliver dårligt.	Lene hat gefragt, ob wir auch kommen, **wenn das Wetter schlecht wird.**

Wie im Deutschen werden Haupt- und Nebensätze durch Komma voneinander getrennt.

Wichtige unregelmäßige Verben

Infinitiv	*Präsens*	*Präteritum*	*Perfekt*	
bede	beder	bad	har bedt	bitten
betyde	betyder	betød	har betydet	bedeuten
bide	bider	bed	har bidt	beißen
blive	bliver	blev	er blevet	werden, bleiben
bringe	bringer	bragte	har bragt	bringen
burde	bør	burde	har burdet	sollen, müssen
bære	bærer	bar	har båret	tragen
drikke	drikker	drak	har drukket	trinken
dø	dør	døde	er død	sterben
falde	falder	faldt	er faldet	fallen
finde	finder	fandt	har fundet	finden
flyve	flyver	fløj	har / er fløjet	fliegen
forstå	forstår	forstod	har forstået	verstehen
fryse	fryser	frøs	har frosset	frieren
følge	følger	fulgte	har fulgt	folgen
få	får	fik	har fået	bekommen
gide	gider	gad	har gidet	mögen, Lust haben
give	giver	gav	har givet	geben
græde	græder	græd	har grædt	weinen
gøre	gør	gjorde	har gjort	tun, machen
gå	går	gik	har / er gået	gehen
have	har	havde	har haft	haben
hedde	hedder	hed	har heddet	heißen
hjælpe	hjælper	hjalp	har hjulpet	helfen
holde	holder	holdt	har holdt	halten
hænge	hænger	hang / hængte	har hængt	hängen
komme	kommer	kom	er kommet	kommen
kunne	kan	kunne	har kunnet	können
lade	lader	lod	har ladet	lassen
le	ler	lo	har leet	lachen
ligge	ligger	lå	har ligget	liegen
lyde	lyder	lød	har lydt	klingen
lyve	lyver	løj	har løjet	lügen

Infinitiv	*Präsens*	*Präteritum*	*Perfekt*	
lægge	lægger	lagde	har lagt	legen
løbe	løber	løb	har / er løbet	laufen
måtte	må	måtte	har måttet	dürfen, müssen
nyde	nyder	nød	har nydet	genießen
ride	rider	red	har ridet	reiten
ryge	ryger	røg	har røget	rauchen
række	rækker	rakte	har rakt	reichen
se	ser	så	har set	sehen
sidde	sidder	sad	har siddet	sitzen
sige	siger	sagde	har sagt	sagen
skrige	skriger	skreg	har skreget	schreien
skrive	skriver	skrev	har skrevet	schreiben
skulle	skal	skulle	har skullet	sollen, müssen, werden
skære	skærer	skar	har skåret	schneiden
slå	slår	slog	har slået	schlagen
sove	sover	sov	har sovet	schlafen
springe	springer	sprang	har sprunget	springen
spørge	spørger	spurgte	har spurgt	fragen
stå	står	stod	har stået	stehen
stjæle	stjæler	stjal	har stjålet	stehlen
stryge	stryger	strøg	har strøget	bügeln
synes	synes	syntes	har syntes	meinen, finden
synge	synger	sang	har sunget	singen
sælge	sælger	solgte	har solgt	verkaufen
sætte	sætter	satte	har sat	setzen
tage	tager	tog	har / er taget	nehmen, fahren
trække	trækker	trak	har trukket	ziehen
turde	tør	turde	har turdet	wagen, sich trauen
tælle	tæller	talte	har talt	zählen
vide	ved	vidste	har vidst	wissen
ville	vil	ville	har villet	wollen
vinde	vinder	vandt	har vundet	gewinnen
vælge	vælger	valgte	har valgt	wählen
være	er	var	har været	sein

TEST 1: Das Substantiv

A ***En*** **oder** ***et*****? Geben Sie das Genus der folgenden Substantive an.**

a. ____ bror
b. ____ agurk
c. ____ by
d. ____ nyhed
e. ____ gås
f. ____ lejlighed
g. ____ sygdom
h. ____ å
i. ____ abe
j. ____ overraskelse
k. ____ bygning
l. ____ kontinent
m. ____ fugl
n. ____ bageri
o. ____ pige
p. ____ plante
q. ____ ungdom
r. ____ gymnasium

B **Setzen Sie die folgenden Substantive in den Plural.**

a. en stol ► to ________
b. et glas ► to ________
c. en blomst ► to ________
d. et rundstykke ► to ________
e. et barn ► to ________
f. en søster ► to ________
g. en hund ► to ________
h. en datter ► to ________
i. en ven ► to ________
j. en kop ► to ________
k. en dansker ► to ________
l. en kjole ► to ________

TEST 2: Der Artikel

Ergänzen Sie die passende Form der Substantive: mit oder ohne Artikel, bestimmt oder unbestimmt.

a. Jeg vil gerne have ________ (kop) kaffe.
b. ________ (kaffe) er for tynd.
c. Lene er ________ (lærer).
d. Hun er ______ god ________ (lærer).
e. Peter kan godt lide at dyrke ________ (sport).
f. I går gik de ________ (tur) i ________ (skov).
g. ________ (vejr) var fantastisk.
h. Vil du med i ________ (biograf) i aften?
i. Det har jeg desværre ikke ________ (tid) til.
j. Hvor er ________ (mælk) henne?
k. Står den ikke på ________ (bord)?
l. Til slut råbte ________ (elever) hurra for læreren.

TEST 3: Das Adjektiv

A Ergänzen Sie die Adjektive in der passenden Form.

a. Hvor er din nye kjole _______ (flot)!
b. Kan du anbefale en _______ (god) restaurant?
c. Det er slet ikke så _______ (svær).
d. De bliver _______ (glad), når du besøger dem.
e. Har du allerede mødt Prebens _______ (ny) kæreste?
f. Jeg kan bedst lide den _______ (blå) nederdel.
g. Jeg vil gerne have tre _______ (lille) fadøl.
h. Bageren har nogle _______ (lækker) kager i vinduet.

B Bilden Sie den Komparativ.

a. Han er ___________ (lille) end sin søster.
b. Turen er ___________ (hurtig) med bus end med tog.
c. Hun er ___________ (intelligent), end jeg havde troet.
d. Hans kuffert var meget ___________ (tung) end min.
e. Bogen er ___________ (spændende) end filmen.
f. Der kom ___________ (få) deltagere end forventet.

C Ergänzen Sie den Superlativ.

a. Det var den ___________ (let) opgave, han nogensinde havde fået.
b. Hvem er ___________ (hjælpsom), Lone eller Preben?
c. Hun var den ___________ (gammel) i hele klassen.
d. Trafikstøjen er ___________ (generende) ved 6-tiden.
e. Hun er et af de ___________ (sød) mennesker, jeg kender.
f. Hvem af de to brødre er ___________ (ung)?

TEST 4: Die Personalpronomen

A Ersetzen Sie die hervorgehobenen Wörter durch die passenden Personalpronomen.

a. Hvor er mine nøgler henne? Jeg kan ikke finde *nøglerne* / ___________.
b. Ligger *nøglerne* / ___________ ikke på bordet?
c. *Klaus og mig* / ___________ skal i teatret lørdag aften.

d. Vi venter på *Dorte* / __________ .
e. *Min bror* / __________ tager snart på ferie.
f. Jeg skal hilse dig fra *din mor* / __________.
g. Jeg kan ikke huske *hans adresse* / __________.
h. *Dit halstørklæde* / __________ ligger på gulvet.
i. Du er mindre end *Preben* / __________.

B **Ergänzen Sie die Pronomen *det* oder *der*.**

a. _____ var ærgerligt, du ikke kunne komme.
b. Kan du ikke lige hjælpe mig? – Jo, _____ kan jeg godt.
c. Ved du, hvem _____ kommer?
d. Er _____ ham, som vi mødte i byen i går?
e. _____ er mange, der ikke kan lide at sejle.
f. _____ bliver sladret meget på skolen.

TEST 5: Die Possessiva

A **Ergänzen Sie die passenden Possessivpronomen.**

a. Klaus, _______ bror har lige ringet.
b. Hvornår sælger I _______ bil?
c. Ungerne vinker farvel til _______ forældre.
d. Har du set _______ handsker? Jeg kan ikke finde dem.
e. Dorte, du skal lave _______ lektier først.
f. Hvor skal vi hen i _______ ferie?

B **Ergänzen sie *hans* / *hendes* oder *sin* / *sit* / *sine*.**

a. Ole er sur over, at _______ søn altid kommer for sent hjem om aftenen.
b. Bo lover _______ far, at han ikke vil komme for sent næste gang.
c. Svend er meget glad for _______ job, selvom _______ job er meget anstrengende.
d. I weekenden vil Bo og _______ kæreste besøge Mette.
e. Sanne var hjemme hos _______ forældre i går. _______ mor havde det ikke så godt. Hun havde feber.

TEST 6: Die Reflexiva

Tragen Sie die passenden Reflexivpronomen ein.

a. Hun glæder _______ meget til festen.
b. Morer I _______?
c. Jeg håber ikke, de kedede _______?
d. Vi sidder bare og hygger _______.
e. Jeg skal skynde _______.
f. Du skulle tabe _______ et par kilo.

TEST 7: Die Demonstrativa

Notieren Sie die passenden Demonstrativpronomen.

a. Vi har kun __________ varer, som De kan se på hylderne.
b. Hvad synes du om __________ her kjole?
c. Han er __________ et rart menneske.
d. Hun reparerer altid __________ sin bil.
e. Direktøren siger, at __________ sager straks må afsluttes.
f. Jeg har aldrig hørt __________ noget vrøvl.

TEST 8: Die Indefinita

A **Ergänzen Sie die passenden Indefinitpronomen.**

a. Vi holder møde _______ dag klokken ni.
b. Hun ved _______ om film.
c. Skal vi ikke snakke om noget _______?
d. Man må ikke slå _______ børn.
e. Hun har ikke så _______ penge.
f. De havde _______ arbejde i sidste uge.

B **Ergänzen Sie *nogen*, *noget* oder *nogle*.**

a. Er der _______ her, der kan veksle 100 kroner for mig?
b. Jeg vil gerne have _______ æbler.
c. Skal du _______ i aften?
d. Vil du have _______ vindruer?
e. Det er der ikke _______ at gøre ved.
f. Har du _______ søskende?

TEST 9: Die Interrogativa

Notieren Sie die passenden Interrogativpronomen.

a. _______ vandt verdensmesterskabet i fodbold?
b. _______ kuglepen er det?
c. _______ bilmærke kan du bedst lide?
d. Ved du, _______ er sket?
e. Kan du huske, _______ bog han anbefalede?
f. _______ tid skal vi mødes?

TEST 10: Die Relativpronomen

Ergänzen Sie die Relativpronomen.

a. Er det ham, _______ altid er i godt humør?
b. Han kunne ikke forstå, _______ hun sagde.
c. Det er den kunde, _______ ringede flere gange i går.
d. Lige nu læser jeg den bog, _______ du har lånt mig.
e. Jeg mener den butik, _______ vi var i sidste uge.
f. Hun har læst alt, _______ kan findes om filmhistorie.

TEST 11: Das Verb – das Präteritum

Bilden Sie das Präteritum der angegebenen Verben.

a. Han _________ al mælken. (drikke)
b. I går _________ jeg en film, som jeg _________ i forvejen. (se, kende)
c. Om aftenen _________ de mad sammen. (lave)
d. Bedstefaren _________ altid at fortælle om sin barndom. (elske)
e. De _________ hjem fra en dejlig sommerferie. (komme)
f. _________ du, at Søren stadigvæk er lidt småsyg? (vide)
g. Det _________ at regne, da jeg _________ børnene fra børnehaven. (begynde, hente)

TEST 12: Das Verb – das Perfekt

A **Setzen Sie die folgenden Sätze ins Perfekt.**

a. Solen skinner ind i stuen. ► ___________________
b. Ser du Amalienborg Slot? ► ___________________
c. Han bliver 42 år gammel. ► ___________________
d. Hvem vinder kampen mod Norge? ► ___________________
e. Han sidder i køkkenet og læser avis. ► ___________________
f. Hvad skal du lave i weekenden? ► ___________________
g. Han har meget travlt. ► ___________________

B **Ergänzen Sie *har* oder *er*.**

a. Jeg tror, hun _____ begyndt at ryge igen.
b. Han _____ løbet ti kilometer i dag.
c. Svend _____ lige gået.
d. _____ du allerede vasket op?
e. Børnene _____ været syge i syv dage.
f. De _____ altid drømt om en sejlbåd.
g. Vores naboer _____ flyttet til Sverige.

C **Perfekt oder Präteritum? Ergänzen Sie die Verben.**

a. Bo bor i Roskilde. Han __________ der i tre år nu. (bo)
b. Da han var barn, ________ Bo i Esbjerg. (bo)
c. Sanne __________ hele dagen. (slappe af)
d. For en uge siden __________ Karen fødselsdag. (have)
e. Han __________ filmen tre gange. (se)
f. Hvor længe __________ dansk? (lære du)
g. De __________ af sted for en times tid siden. (tage)

TEST 13: Das Verb – die Modalverben

Ergänzen Sie die passenden Modalverben.

a. Mette _______ gerne lære spansk. (Absicht)
b. Han spurgte sin far, om han _______ gå i biografen. (Erlaubnis)
c. Vi _____ gå nu, ellers når vi ikke toget. (Notwendigkeit)
d. _____ du spille guitar? (Fähigkeit)

e. Hvad _____ du lave i weekenden? (Zukunft)
f. Hun _____ være forelsket. (Vermutung)
g. Han har aldrig _____ sige ham imod. (Mut haben)
h. Du _____ hellere blive hjemme et par dage. (Empfehlung)
i. Græsset _____ ikke betrædes. (Verbot)

TEST 14: Das Verb – der Konjunktiv

Formulieren Sie die Sätze im Konjunktiv II.

a. Jeg er syg, derfor kan jeg ikke komme.
   ► Hvis jeg ikke ____________________
b. Jeg har ikke tid, derfor kan jeg ikke tage med i biografen.
   ► Hvis jeg ____________________
c. Du har ikke vasket op. ► Du ____________________
d. Du har ikke sagt det noget før. ► Du ____________________
e. Min datter er blevet syg, derfor kan jeg ikke arbejde.
   ► Hvis min datter ____________________

TEST 15: Das Verb – der Imperativ

Formulieren Sie die Sätze im Imperativ mit *lige* oder *bare*.

a. Du må gerne komme, når det passer dig.
   ► ____________________
b. Vil du godt tænde for fjernsynet? ► ____________________
c. Vil du ikke godt låne mig en tier? ► ____________________
d. Du må godt købe en is til. ► ____________________
e. Vil du godt lukke vinduerne? ► ____________________

TEST 16: Das Verb – infinite Verbformen

A **Ergänzen Sie den Infinitiv mit oder ohne *at*.**

a. Hun kan godt lide __________ (sejle).
b. Må jeg godt __________ (låne) dit viskelæder?
c. Han hørte hende __________ (komme) hjem klokken et om natten.
d. Hun havde desværre ikke tid til __________ (besøge) os.
e. Skal du også have noget __________ (spise)?
f. Jeg gider ikke __________ (vaske op).

B **Ergänzen Sie das Partizip Präsens oder das Partizip Perfekt.**

a. Børnene kom _________ ind i stuen (løbe).
b. Hun fik _________ alle sine ting, før hun tog på ferie (ordne).
c. Torben elsker at blive _________ i sengen om søndagen (ligge).
d. Jeg bliver _________ om en times tid (hente).
e. Den _________ statsminister holdt en tale (vælge).
f. Vi må ikke gå på de _________ gulve (lakere).

TEST 17: Das Verb – das Passiv

A **Setzen Sie die folgenden Sätze ins Passiv.**

a. Hun malede lejligheden i sidste uge. ► __________________
b. Han har allerede sendt brevet. ► __________________
c. Hun havde repareret bilen. ► __________________
d. Hun henter børnene hver dag klokken fire.
► __________________

B **Ergänzen Sie das *s*-Passiv oder das *blive*-Passiv.**

a. Småkagerne _________ ved 200 grader. (bage)
b. Vores bil _________ i sidste uge. (stjæle)
c. Der må ikke _________ på restauranten. (ryge)
d. Lektierhjælp _________. (søge)
e. Hun _________ i morgen. (klippe)
f. Biblioteksbøger _______ tit _______ for sent. (aflevere)

TEST 18: Das Adverb

A **Ergänzen Sie das Adverb mit oder ohne -*t*.**

a. I går så jeg en _________ god film i biografen. (rigtig)
b. Eleverne svarede _________ på alle spørgsmål. (rigtig)
c. Fuglene sang meget _________ i morges. (smuk).
d. Han var _________ sulten, da han kom hjem. (enorm)
e. Ib plejer altid at tænke og handle meget _________. (praktisk)
f. Hun kommer _________ tilbage i morgen. (muligvis)

B Die kurze oder die lange Form der Ortsadverbien? Markieren Sie die richtige Form.

a. De sidder (ud / ude) i haven.
b. Han havde glemt sine penge (derhjem / derhjemme).
c. Børnene løb (op / oppe) ad trappen.
d. De legede (ned / nede) i kælderen.
e. Skal vi ikke snart tage (hjem / hjemme)?
f. Turistinformationen ligger (hen / henne) på hjørnet.

TEST 19: Die Konjunktionen

Ergänzen Sie die passenden Konjunktionen.

a. Han cyklede på arbejde, __________ det regnede.
b. Søren ringede afbud, __________ hans datter pludselig var blevet syg.
c. Som børn spillede vi altid fodbold ude i gården, __________ det ikke regnede.
d. På lørdag tager vi ud at sejle, __________ det ikke regner.
e. Hun fik en cykel, __________ hun blev fire år gammel.
f. Han spurgte, __________ han kunne hjælpe med noget.
g. Hun sagde, __________ jeg skulle hilse dig fra hende.
h. Han ringede til sin kæreste, __________ han var kommet hjem.

TEST 20: Die Präpositionen

A Markieren Sie die richtige Präposition.

a. Han er gået (til / hos) bageren.
b. Teatret ligger (over for / over) biografen.
c. Bilen står lige (om / over) hjørnet.
d. De har været gift (siden / i) 2003.
e. Kjolen er lavet (af / fra) silke.
f. Han kommer (fra / af) Sverige, men han bor (i / på) Roskilde nu.
g. Vi har brug for to enkeltværelser (for / til) tre nætter.
h. I weekenden var de (i / på) biografen.
i. Skal vi ikke (i / på) restaurant i morgen aften?
j. Vi er inviteret (til / på) fest lørdag aften.

B Ergänzen Sie die passenden Präpositionen.

a. Skal vi ikke til koncert _____ aften?
b. De var på ferie i Norge _____ tre år siden.
c. Jeg skal skynde mig. Bussen kører _____ fem minutter.
d. Preben går altid til fodbold _____ mandagen.
e. Vi ses _____ tirsdag.
f. Han har været arbejdsløs _____ seks måneder.
g. De var til fødselsdag _____ fredags.
h. Din mor kommer og besøger os _____ søndag eftermiddag.

TEST 21: Der Satz

A Formulieren Sie Fragen zu den vorgegebenen Antworten.

a. Jeg kommer fra Tyskland. ► ____________________
b. Ja, jeg kan godt lide at sejle. ► ____________________
c. Nej, jeg kan desværre ikke tage med i biografen.
► ____________________
d. Ja, jeg besøger mine forældre i weekenden.
► ____________________
e. Min kæreste hedder Preben. ► ____________________
f. Det går fint. ► ____________________

B Bilden Sie Sätze aus den vorgegebenen Wörtern.

a. næsten – spiser – morgenmad – han – aldrig
► Han ____________________
b. Bo – tit – om – fjernsyn – aftenen – ser
► Bo ____________________
c. ikke – kan – heller – hun – polsk – tale
► Hun ____________________
d. filmen – set – aldrig – hun – har
► Hun ____________________
e. læse – hun – tid – har – til – at – frokostpausen – i – ikke – avis
► Hun ____________________
f. have – ikke – skulle – du – mange – cder – så – købt
► Du ____________________

C **Ergänzen Sie die angegebenen Wörter an der passenden Position.**

a. Han går ikke med i teatret, fordi han _______ har _______ tid. (ikke)
b. Mette plejer at cykle på universitetet, når det _______ regner _______. (ikke)
c. Hun spurgte, hvorfor han _______ har _______ ringet til hende. (aldrig)
d. Hun ville med i biografen, selvom hun _______ havde _______ set filmen. (allerede)
e. Børnene _______ fik _______ deres vilje. (altid)

D **Ergänzen Sie die angegebenen Satzglieder an der richtigen Position.**

a. Hun går til dansk. (om mandagen) ► ____________________
b. Han kørte gennem byen. (hurtigt) ► ____________________
c. Bodil arbejdede hos Danfoss. (i fem år)
► ____________________
d. Hvad skal vi give ham? (en bog)
► De gav ____________________
e. Hun elsker at læse om aftenen. (ude i haven)
► ____________________

E **Formulieren Sie die Sätze um.**

a. Hun tager altid hjem i weekenden.
► I weekenden ____________________
b. De ventede 15 minutter på toget i går.
► I går ____________________
c. Dorte vil måske tage til Vesterhavet i weekenden.
► Måske ____________________
d. Hun lærte at svømme, da hun var fem år gammel.
► Da hun ____________________

F **Heben Sie die markierten Satzglieder mit Hilfe der Satzspaltung hervor.**

a. *De* kan ikke lide at sejle. ► ____________________
b. Har *du* vasket op? ► ____________________
c. Skulle du til barnedåb *i weekenden*? ► ____________________
d. Han kan bedst lide *chokoladekage*. ► ____________________

Lösungen der Tests

TEST 1: Das Substantiv

A **a.** en **b.** en **c.** en **d.** en **e.** en **f.** en **g.** en **h.** en **i.** en **j.** en **k.** en **l.** et **m.** en **n.** et **o.** en **p.** en **q.** en **r.** et

B **a.** stole **b.** glas **c.** blomster **d.** rundstykker **e.** børn **f.** søstre **g.** hunde **h.** døtre **i.** venner **j.** kopper **k.** danskere **l.** kjoler

TEST 2: Der Artikel

a. en kop **b.** Kaffen **c.** lærer **d.** en god lærer **e.** sport **f.** en tur i skoven **g.** Vejret **h.** biografen **i.** tid **j.** mælken **k.** bordet **l.** eleverne

TEST 3: Das Adjektiv

A **a.** flot **b.** god **c.** svært **d.** glade **e.** nye **f.** blå **g.** små **h.** lækre

B **a.** mindre **b.** hurtigere **c.** mere intelligent **d.** tungere **e.** mere spændende **f.** færre

C **a.** letteste **b.** mest hjælpsom **c.** ældste **d.** mest generende **e.** sødeste **f.** yngst

TEST 4: Die Personalpronomen

A **a.** dem **b.** de **c.** Vi **d.** hende **e.** Han **f.** hende **g.** den **h.** Det **i.** ham

B **a.** Det **b.** det **c.** der **d.** det **e.** Der **f.** Der

TEST 5: Die Possessiva

A **a.** din **b.** jeres **c.** deres **d.** mine **e.** dine **f.** vores

B **a.** hans **b.** sin **c.** sit, hans **d.** hans **e.** sine, Hendes

TEST 6: Die Reflexiva

a. sig **b.** jer **c.** sig **d.** os **e.** mig **f.** dig

TEST 7: Die Demonstrativa

a. de **b.** den **c.** sådan **d.** selv **e.** disse **f.** sådan

TEST 8: Die Indefinita

A **a.** hver **b.** alt **c.** andet **d.** sine **e.** mange **f.** meget

B **a.** nogen **b.** nogle **c.** noget **d.** nogen **e.** noget **f.** nogen

TEST 9: Die Interrogativa

a. Hvem **b.** Hvis **c.** Hvad / Hvad for et / Hvilket **d.** hvad der **e.** hvad for en / hvilken **f.** Hvad

TEST 10: Die Relativpronomen

a. der / som **b.** hvad **c.** der / som **d.** som / – **e.** hvor **f.** hvad der

TEST 11: Das Verb – das Präteritum

a. drak **b.** så, kendte **c.** lavede **d.** elskede **e.** kom **f.** Vidste **g.** begyndte, hentede

TEST 12: Das Verb – das Perfekt

A **a.** Solen har skinnet ind i stuen. **b.** Har du set Amalienborg Slot? **c.** Han er blevet 42 år gammel. **d.** Hvem har vundet kampen mod Norge? **e.** Han har siddet i køkkenet og (har) læst avis. **f.** Hvad har du lavet i weekenden? **g.** Han har haft meget travlt.

B **a.** er **b.** har **c.** er **d.** Har **e.** har **f.** har **g.** er

C **a.** har boet **b.** boede **c.** har slappet af **d.** havde **e.** har set **f.** har du lært **g.** tog

TEST 13: Das Verb – die Modalverben

a. vil **b.** måtte **c.** skal **d.** Kan **e.** skal **f.** må **g.** turdet **h.** må **i.** må

TEST 14: Das Verb – der Konjunktiv

a. Hvis jeg ikke var syg, kunne jeg komme. **b.** Hvis jeg havde tid, kunne jeg tage med i biografen. **c.** Du skulle have vasket op. **d.** Du skulle have sagt det noget før. **e.** Hvis min datter ikke var blevet syg, kunne jeg arbejde.

TEST 15: Das Verb – der Imperativ

a. Kom bare, når det passer dig. **b.** Tænd lige for fjernsynet. **c.** Lån mig lige en tier. **d.** Køb bare en is til. **e.** Luk lige vinduerne.

TEST 16: Das Verb – infinite Verbformen

A **a.** at sejle **b.** låne **c.** komme **d.** at besøge **e.** at spise **f.** vaske op

B **a.** løbende **b.** ordnet **c.** liggende **d.** hentet **e.** valgte **f.** lakerede

TEST 17: Das Verb – das Passiv

A **a.** Lejligheden blev malet i sidste uge. **b.** Brevet er allerede blevet sendt. **c.** Bilen var blevet repareret. **d.** Børnene bliver hentet hver dag klokken fire.

B **a.** bages **b.** blev stjålet **c.** ryges **d.** søges **e.** bliver klippet **f.** bliver ... afleveret

TEST 18: Das Adverb

A **a.** rigtig **b.** rigtigt **c.** smukt **d.** enormt **e.** praktisk **f.** muligvis

B **a.** ude **b.** derhjemme **c.** op **d.** nede **e.** hjem **f.** henne

TEST 19: Die Konjunktionen

a. selvom **b.** fordi **c.** når **d.** hvis **e.** da **f.** om **g.** at / – **h.** efter at / da

TEST 20: Die Präpositionen

A **a.** til **b.** over for **c.** om **d.** siden **e.** af **f.** fra, i **g.** for **h.** i **i.** på **j.** til

B **a.** i **b.** for **c.** om **d.** om **e.** på **f.** i **g.** i **h.** –

TEST 21: Der Satz

A **a.** Hvor kommer du fra? **b.** Kan du lide at sejle? **c.** Vil du med i biografen? **d.** Besøger du dine forældre i weekenden? **e.** Hvad hedder din kæreste? **f.** Hvordan går det?

B **a.** Han spiser næsten aldrig morgenmad. **b.** Bo ser tit fjernsyn om aftenen. **c.** Hun kan heller ikke tale polsk. **d.** Hun har aldrig set filmen. **e.** Hun har ikke tid til at læse avis i frokostpausen. **f.** Du skulle ikke have købt så mange cder.

C **a.** fordi han ikke har tid **b.** når det ikke regner **c.** hvorfor han aldrig har ringet til hende **d.** selvom hun allerede havde set filmen **e.** Børnene fik altid deres vilje.

D **a.** Hun går til dansk om mandagen. **b.** Han kørte hurtigt gennem byen. **c.** Bodil arbejdede hos Danfoss i fem år. **d.** De gav ham en bog. **e.** Hun elsker at læse ude i haven om aftenen.

E **a.** I weekenden tager hun altid hjem. **b.** I går ventede de 15 minutter på toget. **c.** Måske vil Dorte tage til Vesterhavet i weekenden. **d.** Da hun var fem år gammel, lærte hun at svømme.

F **a.** Det er dem, der / som ikke kan lide at sejle. **b.** Er det dig, der / som har vasket op? **c.** Var det i weekenden, du skulle til barnedåb? **d.** Det er chokoladekage, som / – han bedst kan lide.

Register

Die Zahlen sind Seitenangaben. Abkürzungen: f. = und folgende Seite, ff. = und folgende Seiten.